用心做明师

朱 兰 主编

文汇出版社

图书在版编目(CIP)数据

用心做明师 / 朱兰主编. —上海：文汇出版社，
2018.5
ISBN 978 - 7 - 5496 - 2560 - 4

Ⅰ.①用… Ⅱ.①朱… Ⅲ.①小学教育—文集 Ⅳ.
①G62 - 53

中国版本图书馆 CIP 数据核字(2018)第 073934 号

用心做明师

主　　编 / 朱　兰
责任编辑 / 熊　勇
封面装帧 / 张　晋

出版发行 / 文汇出版社
　　　　　上海市威海路 755 号
　　　　　(邮政编码 200041)
经　　销 / 全国新华书店
排　　版 / 南京展望文化发展有限公司
印刷装订 / 启东市人民印刷有限公司
版　　次 / 2018 年 5 月第 1 版
印　　次 / 2018 年 5 月第 1 次印刷
开　　本 / 720×1000　1/16
字　　数 / 230 千
印　　张 / 19.5

ISBN 978 - 7 - 5496 - 2560 - 4
定　　价 / 38.00 元

《用心做明师》编委会

主　编　朱　兰

副主编　宋进喜　周　琦　周丽琴

编　委　王　蔚　李　旻　宋莉芳

　　　　朱璟贻　沈　昱　周　彤

序

作为一名教师,听课无数,有许多精彩的课让我印象深刻。记得有一次听语文课,老师传神的表情和生动的语言引导着学生积极地思考和流畅地表达,让听课的老师感受到了这位老师课堂教学的魅力。课后交流讨论时,听课的老师夸她课上得好,具有名师的潜质。这位老师却谦虚地说:"我只想明明白白地教书,让课堂生动美丽起来。"这句朴实的话语,让我们认识了一位真实而自信的老师。其实,我们有很多老师都是这样想的,很多时候我们也会被他们教育教学的质朴与激情所感动。有许多老师看似平平常常,波澜不惊,但当他们走进课堂,走近学生,你会看到他们的真实与自信、生动与精彩,你会感受到他们的魅力,甚至惊诧于他们给课堂带来的美丽。

《用心做明师》汇集了宝山一中心小学教师教育教学的智慧与心得,是一群不求成为名师,但求明明白白教书的老师们的为师之道,体现了爱心与责任的高尚情怀,读来情真意切,师爱绵长……

做老师的爱心与责任,表现在行动上就是"用心"。将心融入教育,热爱学生,学会从学生的角度看问题,用自己当学生时的感受和思考问题的方式,去理解学生的感受;要遵循教育的基本原则,遵循学生的成长规律,带着一腔热情、一片真心走进孩子的心灵;不急功近利,不揠苗助长,让孩子们沿着健康的人生之路健康地成长,这样的教育才是好的教育。《用心做明师》告诉我们,宝山区第一中心小学的老师们正在践行这样一种教育观。

做一个"明师"应该与时俱进，应该使自己的修养与学问不断趋于完善。宝山一中心小学鼓励老师们在这个日新月异的时代做一个永远的学习者，做一个深刻的思想者，做一个积极的践行者。同时鼓励老师们学会反思，教师对于教育教学有着最深切、最直接的体验，所以值得反思与提高的地方很多，而反思中的觉悟与改进会成为鲜活的案例，并为老师们所互相借鉴。在《用心做明师》的专著里，我们看到了一行"明师"的足迹，看到了宝山一中心小学的老师在反思与实践中不断进步的"明师"之道："明师"应该在追求卓越与自我反思中成长。

《用心做明师》告诉我们，宝山一中心小学的老师行走在"与学生共同成长"的教育之路上，他们用文字记录时光，记录成长，记录师生共同经历的一个个鲜活的故事，阐释了对教育的理解和认识、对教学的探索和改进，让平凡的工作折射出理性的思考，迸发出智慧的火花。打开这本文集，教师的那份认真、执着、睿智与宽容，随着一份份感动扑面而来。

祝愿一中心小学的明天更加美好！

（上海教育学会小学教育管理专业委员会主任
打虎山路第一小学校长、正高级教师、国家督学）

2018 年 3 月 2 日

目录

第一篇章
乘着理想的翅膀

　　教师,诗意地栖居在教育梦工场,怀揣立德树人之信仰,日复一日在教育漫漫征途上奔跑,从平凡中品味伟大,从失败中咀嚼辉煌。点燃热情,解放思想,放飞灵魂,理想携我们自由翱翔……

我 的 梦 想

朱 兰

小时候,我有一个梦想——站在三尺讲台上当个孩子王。成年后,如愿以偿,我成了一位人民教师。我一头扎进这片圣洁的天地,在梦想的道路上不断追寻着、探索着。冬去春来,从教二十多年,信念从未动摇,目标从未改变,追梦的历程光荣而美好。

机缘巧合,我走上了小学校长的岗位。过去只要教好学生、带好班级、做好分管工作,现在面对的是整所学校,1 600多名学生、百余名教师。带着些许担忧和惶恐,我走进长三角校长学习班,聆听教育名家的治校心路历程,思索着自己的办学理念和目标,描绘着我心目中的理想学校,重新勾画我的教育梦想。

我和班子成员围坐在一起,梳理学校文化,思考办学愿景。班子成员的热情和智慧令人感动,零碎的思绪渐渐汇拢,思想地图逐步清晰。学校是社会的一个缩影,是师生共同的精神家园。构筑这样一个美好家园,就是我,就是我们新的教育梦想。

我们不求校舍有多气派、奖牌得了多少,我们希冀师生能在一中心校园自由呼吸、真实成长。我们倡导"自教育",即"心灵自由、学习自主、行为自觉",努力让师生在这里追求真知、发展能力、实现自我、感受成功,在结伴成长中互相感恩,心生眷恋。学校管理就是要让师生人人享受彼此的关爱,人人拥有发展的机会,人人体验成长的快乐。教代会上,我"高调"畅想发展蓝图,激励大家为共同愿景而努力,让学校充满活力,让教师产生动力,让学生插翅飞翔。

学校要有"身份识别系统"。我认为比起学校 Logo、学生校服等外显符号,师生的精神气质才是核心标识。因此,学校文化和精神的培育是管理的重要任务。我们弘扬"崇德尚礼,知行合一"的校训,引导塑造"忠诚、勤勉、智慧、宽容"的教师形象。"忠诚"是一种信仰,"勤勉"是一种态度,"智慧"是一种能力,"宽容"是一种美德,这是一中心教师做人行事的哲学。党政同心,榜样引领;班子垂范,汇聚力量。我始终相信广大教师是有尊严的、有追求的、向善向上的。我们通过制度建设和人文关怀并举的方式,呵护教师的工作热情。当教师面对压力情绪波动时,帮其排忧减压;当教师产生职业倦怠时,送上精神大餐并邀其加入研究项目,再燃职业热情;当教师有暖人举动时,在适当范围内大加表扬,弘扬正能量;当教师取得成绩时,及时戴上"高帽",让幸福感萦绕在其心间。教师的发展需要自身的理想追求和适度的外界压力。一个优秀的校长就像一个顶盘子的杂技演员,把教师这一个个"瓷盘"高高托起,让他们在细棍顶端旋转起来,可能有的转得快一些,有的转得慢一些,但只要能不停地转动,就意味着前进不停步。

校长善待老师,教师才能幸福。教师幸福了,才能向学生传播幸福的教育。我们的老师致力于做学生爱戴的教师,温文尔雅为人,和风细雨做事,把学生当作一本书、一幅画细细品味,能坚持蹲下身子与孩子平等交流,耐心倾听孩子的心声,呵护童心,精彩童年。干部牵手党员、党员牵手教师、教师牵手学生,我们把爱心献给学困生、贫困生和特殊生,爱心结对,让每一个学生健康成长。"好教师"没有留在文本中、停在口号上,我们将其化作一个个细小的行动,一个个微小的改变,把关爱一滴滴注入孩子的心田。

日本有"巴学园"、美国有"第 56 号教室",都是学生成长的美好之所。我们也努力让校园成为学生触摸自然、尽情玩耍、舒适生活的快乐之地。近日,我们在有限的校园空间内建起了安全体验馆、创客学社;开辟了快乐涂鸦、创思园、生物多样、乐高搭建、书香漂流、音乐之声、信息天地、攀岩墙等学生多元体验区域,让校园充满儿童气息,洋溢童真童趣;整体规划了门厅文化、走廊文化、围墙文化,让校园的一物一景、一墙一楼都张扬教育元素,体现文化内涵。这色彩斑斓的、会说话的、有儿童味的校园,学生怎会不喜欢?

学生在想些什么?目前是什么状态?他们想探究什么?喜欢哪些活动?做让学生回味的教育要不断走入孩子的心灵,了解他们的所思所想。我们站在儿童立场上,规划了"童心课程"。童心课程关注学生智慧和人格的生成,提供支持学生素养发展的学习经历,让孩子们拥有百个"成长世界",使学习生活变得快乐而有意义。开设优质校本课程供孩子们自主选择,满足个性发展所需;实施"生成的课堂——问题化学习",激发课堂教与学的张力;开展班队自主经营,让孩子走上前台,提升自我教育水平;总结提炼适切发展的评价体系,关注学生的每一点进步,帮助学生发现自己、肯定自己、鞭策自己。这一切都在努力为学生的终生发展打下良好的精神基础。

校园是一方净土,是师生的精神家园,这里有文化的传承,有文明的延伸。守住宁静的心田,坚守心中的梦想,走近师生,与老师、学生一同践行教育的理想,是一件多么幸福的事情。这,也是我新的教育梦想。梦想在前方,我正在路上……

致敬，平凡英雄

宋进喜

儿时，我心目中的英雄是王二小、潘冬子、小兵张嘎；初为人师，我为学生们讲读董存瑞、白求恩的故事；而今，在我脑海中留下深深烙印的是一个个平凡英雄——我身边的教师。

爱人者，人恒爱之

"集语言教学、情感教学和人生哲理教育于一节课的典范。从图片、视频到儿歌，无不浸润着德育教育。"市英语教研员朱浦老师曾这样评价我们的英语课堂教学。这归功于我校的区学科带头人李老师。她个头不高却能量无限、"法力"无边，孩子们对她情有独钟、爱戴有加，她用智慧经营着英语教学事业，更用生命与激情点燃了每一个学生的学习热情。

虽然承担了学校管理工作，但她常常担任两个班，甚至是三个班级的英语教学工作。风雨无阻，不避寒暑，她骑着自行车把英语优质教育辐射到东西两个校区。新接手的四(6)班是一个特别的集体。班中绝大部分孩子为外来务工者和单亲家庭子女，普遍学习习惯不佳。特别是小曹同学，因父母离异、父亲入狱，他跟着祖母和姑姑生活，学习成绩一落千丈。得知情况后，李老师主动和小曹结对，找他谈心尽量解决他的生活困难，为其购置学习用品，还利用休息时间为其补课。渐渐地，小曹变得开朗了，期终质量监控时他的英语成绩达到90分。就这样，李老师用她博大的胸怀,关爱着四(6)班每一个孩子,她的手机是家长们的热线电话,传递着鼓励和信心,全班英语成绩大幅提升,班级面貌也发生巨大改变。在"孩子最喜欢的老师"推荐活动中,李老师名列榜首。

数学的味道是甜的

数学的味道是什么?王老师的学生会说,是巧克力,是棒棒糖,是数学王国的奇妙旅行;同事们会说,是王老师条分缕析的漂亮板书,是她点石成金的教学智慧。她总是笑眯眯的,说话也总是柔声细语。不知她施了什么魔法,自从五年级接班后,该班数学成绩从全年级 8 个班的末位逐步上升到前 3 名。班里的小毛、小康是年级里出了名的数学"困难户",王老师接班后,每天放学,总看到他俩"赖"在老师身边,概念整理、质疑解题、订正错题,还分享王老师事先准备的各色点心和好吃的巧克力,哦,原来数学的味道是甜的!孩子们一致把"最喜爱的老师"这一殊荣给了王老师。在今年的家长问卷调查中,她又取得 100% 的满意率。

王老师善于学习,锐意进取,不断创新。她参加了上海市数学名师基地和国培计划"示范性教师工作坊"高端研修培训。她在课堂中开展基于问题解决的数学教学研究,逐渐形成自己的教学风格。她的课堂扎实高效、节奏明快,教学设计独到,学生思维有深度。著名教育专家顾泠沅教授坐进了她的课堂,高度评价她在宝山区问题化学习跨学段展示活动中的示范课,认为在她的课堂上不仅关注基础知识和基本技能,还关注数学基本思想方法和基本活动经验,给大家带来了启示。

乘着歌声的翅膀

宝山区学生艺术节合唱专场一等奖!"梦之声"又载誉而归。"梦之队"当之无愧。望着她又消瘦了一圈的背影,我心潮澎湃:为了这次演出,她把手术一拖再拖,腰疼得连脱衣裤都要家人帮忙;重病晚期的父亲被医院婉拒手术,她擦干眼泪赶到学校继续训练……连年的一等奖、第一名,年近知天命的她创造出学生合唱六声部的梦想之声;坚强智慧的她铸造了音乐的梦想之队。

在区中小学合唱专项培训活动中,我校合唱团以动人的音色、出色的音准、连贯的气息获得来自瑞典的世界指挥大家、西班牙合唱大师及中国青年指挥家的高度评价,作为全市唯一的基层学校,被推荐与来自世界各地的音乐家以及享誉世界的中国歌唱家廖昌永同台参加东方艺术中心"遇见奥尔夫《布兰诗歌》"音乐会的演出。艺术家为孩子们的精彩表现竖起了大拇指,指挥弗雷德·舍贝里先生更是在小演员退场时向他们表示祝贺。

"叮咚叮咚……"那是何老师的琴声划破静寂的校园;"哩哩噜噜……"那是合唱团天籁般的歌声染红了夕阳……乘着歌声的翅膀,何老师使梦之声响彻更辽远的舞台。

李老师、王老师、何老师先后被评为宝山区首届十佳师德标兵、上海市优秀园丁、上海市三八红旗手;全国劳动模范迟老师、上海市优秀共产党员潘老师、宝山区首届十佳青年朱老师,还有学校十佳学陶师陶标兵、学生心目中的好老师……我校的英雄榜上代有才人出。不论何等荣誉,教师,是你我共同的名称。致敬,平凡英雄! 每个人都可以成为英雄,每个人心中都有英雄,愿我们成为孩子心中的那一位英雄!

修 行 在 路 上

唐　莹

蓦然回首,我走上讲台已经三十六载。

做出这个职业选择是在学生时代。讲台上那些教师,或儒雅或渊博或风趣,令我崇拜和向往。和他们在一起的日子,总有一股暖流滋润我的心田。于是,一个梦想悄然萌生:我要做教师,也要像我的老师一样,那么才华横溢,那么品德高尚。这个梦说大不大,用一颗不骄不躁的心,踏踏实实,只为做一个好教师;这个梦说小不小,用一股永不懈怠的劲头,兢兢业业,助推每一个学生。

18岁,我初为人师,想象着前方有光环的笼罩、鲜花的簇拥、掌声的陪伴,期待着幸福而美好的职业道路。然而理想与现实之间落差巨大。当我用大姐姐般的柔情和学生做朋友时,他们课上课后一样"活泼",让我直皱眉;面对一个个年龄比我大好多、对我心存疑虑的家长,我跟他们沟通教育问题总那么缺乏底气;我认真备课、上课、批改作业,但每次考试前心里仍是七上八下,就担心被身边的老教师拉开差距。美好的愿望犹如肥皂泡一般破灭,我变得茫然、浮躁。我想过放弃,但又不舍自己的梦想。

"教育是修行。"毕业时班主任的话在我耳畔回响。是的,既然是修行,既然做出了选择,就要为之努力奋斗,即便这条路充满了艰辛。我又满血复活!

我每天早起晚归,与学生共同学习,一起游戏;课后,我积极做好提优辅差工作;晚上,伏案温课,将教案熟记心头。教学中我越来越关注学生学习习惯的培养,平时一有机会就扎进资深教师的课堂观摩,博采众长。不知不觉中,我已渐渐适应教师生活。

35岁,是我教育人生的分水岭。那一年是二期教改元年。那一年我才开始真正思考教育,也开始经历一次教育思想的蜕变。我发现自己在过去十几年形成的教育理念,还带有厚重的个体化功利色彩,远远不足以润泽儿童鲜活的生命。我心中越来越清晰:学生到学校里来,不只是为了获取知识,更是为了健康全面的发展。

作为一个数学教师,我深知生活离不开数学,数学更离不开生活。学生学知识是为了学以致用,但长期的应试教育使大多数学生不知道为什么学数学,学数学有什么用。因此,在教学时我特别注重针对学生的年龄特点、心理特征,密切联系他们的生活,精心设计作业,让学生在实际生活中运用数学知识,切实提高学生解决实际问题的能力。在二年级教授"元角分"这一章节时,我发现许多学生对商品并没有相应的价值观念,所以布置的周末作业就是要求家长带孩子去超市、菜场,熟悉商品的价值,让孩子学着购买商品,以此熟练货币的计算。这样的训练多了,学生就深刻地认识到数学对于生活是多么重要,学数学的价值有多大,从而激发了他们学好数学的强烈欲望,变"学数学"为"用数学"。

当时学校抽查了几次作业批改情况,我每次都是批改正确且规范的教师之一。因为我读过《木匠的房子》,这篇文章告诉我:你每天钉一颗钉子,放一块木板,垒一面墙,如果没有竭尽全力,那么终有一天你会吃惊地发现,你将不得不住在自己建造的岌岌可危的房子里。所以我课前的每一个设计、在课堂上的每一分钟、面对的每一道作业题,都是在钉钉子、放木板,都是修行。既然是修行,那就要全力以赴。

现在，我已 53 岁。有人说，我已站在退休的门槛上，可以松一口气了。可我不敢这么想。好教师的标准是动态的，是不断提高的。昨天的好教师，今天或许还能马马虎虎地应付着当一个普通教师，而明天就有可能落伍了。做教师，光有奉献精神是不够的，需要我们不断去发现、去探索、去创造，需要我们时时保持一颗进取心。既然是修行，那就只有起点，没有终点。

现在我依然广泛阅读学术专题研修书刊，不断充实、更新自己的专业知识，领悟生活化、情境化研修的真谛，提高自己的业务水平。同时，我注意多钻研、勤思考，将自己的实践与理论研修结合起来，在总结和反思中形成自己的教学风格

我还进一步学习网络知识，学习制作多媒体课件，以适应现代化教学和办公的需要。年纪大了，我就坚持"用脑子工作"，力争做到"反思昨天——在反思中进步；审视今天——在审视中甄别；前瞻明天——在前瞻中创新"，时刻把工作与思考相结合，在思考中工作，在工作中思考，创造性地开展工作。

回望我的教学生涯，发现时间早已用最细腻的笔触把忠诚、勤勉雕刻在了我质朴的梦想里。即便是平凡的岗位，我依然能真切地感受到梦想的温度和力量。在讲台上的每一天，做的每一件事都是修行。

既然是修行，那就永远在路上。

我的"神奇宝典"

王雅静

我的教龄有十余载,做班主任却仅一年而已。在这一年中,我深深体会到班主任和学生的关系可谓"相爱相杀"。每天和学生、家长的交流那么频繁,面对着四十几个学生及他们的家长,我总感到自身底气不足:缺乏与他们的沟通方法,缺乏有创意的班队活动,怎样才能走进学生心里?怎样纠正学生的不当行为?……种种疑问时常困扰着我,直到我的"神奇宝典"出现。它就是安奈特·布鲁肖和托德·维特克尔博士撰写的《改善学生课堂表现的 50 个方法操作指南》。

说这本书是我的"神奇宝典"一点也不为过。它分享了改善学生课堂表现的 50 种技巧和方法。每一个方法都适用于任何年龄学生、任何一门课程,有助于提高学生的合作和参与意识,进而提高教学效率,促使学生最终取得进步和成功!书中的这些方法渗透了如何与学生交流、如何跟家长沟通的要素,不仅对课堂教学有帮助,融会贯通后对班主任工作也大有益处。阅读此书,让我获益匪浅,感觉自己拥有了无穷"法力"。每当在工作中遇到困难时,我就会拿出我的"神奇宝典"——《改善学生课堂表现的 50 个方法操作指南》,反复阅读,潜心钻研,实践运用,我的许多困惑都得到了解决。

记得三年级第二学期,小宇写了一张类似"病历卡"的纸条,纸条上有"病症""治疗方法""死因"等内容,从外形、体重、学习成绩等各方面讽刺、挖苦同班同学小万。"病历卡"在学生中广为传阅,造成了很坏的影响,小万的自尊心受到极大打击,不仅在教室里放声大哭,还说再也不来学校读书了。

该如何纠正学生在校时发生的不当行为?打电话告知家长并请其加强教育,请家长来学校面谈,再不就是让学生写检查,这是我原先最常用的三种处理方法。然而以往在事件处理过后,我发现有些父母似乎怀疑他们的孩子是否真的做过这些错事或者说过什么不该说的话。曾经有一次,当我告诉一个家长他的孩子有不当行为时,家长却质疑我偏听偏信。行为不当的孩子往往觉得老师与家长交流就是"告状",只要自己写了检查,事情就算画上句号,对自己的错误行为并没有深层次的认识。所以按照以前的方式方法,往往一圈工作做下来,教育效果并不容乐观。

"病历卡事件"的发生,让我决心采取不一样的教育方法,一种能让家长直面问题、让学生真心悔过的策略。翻阅我的宝典——《改善学生课堂表现的 50 个方法操作指南》,书中课堂策略 9——"让学生给家长写张小纸条吧"——给了我启发。作者认为,学生亲自告诉家长自己的不当行为比老师告知家长效果要好,家长更能接受,而且在处理孩子的问题上更积极主动,更愿意配合学校的教育。我觉得这方法值得一试。反复阅读这个章节后,我有了自己的思路,还根据我班的实际情况设计了《小小事件记录表》。思考成熟、明确步骤后,我把自己的想法告诉同事,并和同事们积极开展讨论,进一步完善方案。

首先,我与小宇谈心,了解他当时的真实想法,为什么要这么做;接着,我让小宇完成《小小事件记录表》的填写。表格设计得很细致,还原了整个事件的发生、发展、结果,特别是同学的态度、小万同学的反应。小宇在填写过程中不时停下来思索,当填写到"造成怎样的后果"这一栏时,明显面露悔意。小万同学的愤怒和不愿来上学的后果,让小宇意识到自己的行为的确过分了,严重伤害了同学的自尊心,破坏了同学之间的友谊。他填完表格后,我也郑重地写下了我对这件事的看法和评价,并签上自己的名字,让小宇带给家长,请家长通过这张记录表了解事件经过,写下对事件的想法并签字。当晚,小宇妈妈就主动打电话给我,明确表示对儿子的不当行为很生气,不但已经狠狠批评了孩子,而且还带着儿子亲自登门向小万和他父母道歉,已取得了对方的谅解,也希望得到老师的原谅,并谢谢老师及时告知。第二天课间休息时,我发现小宇当着全班同学的面主动和小万说话,并且再次道歉。目睹这一情景,我很欣慰,在这件事的处理中,老师、家长、学生三方达成了和谐的统一。类似的不当行为,不仅小宇没有再犯,在班级其他学生身上也没有再次发生。

经过这件事,我发现运用"让学生给家长写张小纸条吧"的策略来纠正学生的不当行为是行之有效的。通过填写表格,让学生冷静下来,认清事件中自己的行为给别人带来的伤害、造成的严重后果;班主任二百多字的评价,不仅阐述自己的观点、态度,表明重视程度,而且有效引导纠纷处理的走势;让家长写想法并签名,唤醒了家长参与教育的意识。事情虽然发生在学校,但作为孩子的监护人,家长有义务配合学校一起教育好孩子,和教师共同承担孩子思想品德的教育。

现在,《改善学生课堂表现的50个方法操作指南》成了我每天必看的睡前书。反复的阅读,令我在班主任工作中萌生出一些前所未有的设想;一次次的实际运用,使我掌握了越来越多的实践技巧;在反复实践中,我体验着做教师、做班主任的成就感。通过读书,我的班主任工作越来越得心应手。相信前行的路上还有很多"神奇宝典",有待我去一一发现,不断探索!

面塑，别样的人生体验

叶建萍

女人都喜欢逛街，不单单为了买到心仪的物品，愉悦身心，还因为在这个过程中说不定会有意外的收获和惊喜呢。几年前，在一次逛街时，我在路边觅到一个小摊，上面插满了拇指大小的面塑作品，一个个色彩鲜艳、栩栩如生。一位精神矍铄的老人正当场捏塑。我一下子就被吸引了，专注地观赏起来。老人只用一把简单的面塑工具，娴熟地在一个个彩色的面团上搓、压、卷、刻、挑……只一会儿工夫，一只卡通动物喜羊羊就跃然于小棒之上。太赞了！我在摊位边驻足了很久……

之后每个星期我都去看老人捏塑，边看边聊。原来老人小时候跟着家中长辈学了面塑。因为传男不传女，所以家族中学习这门技艺的人不多。现在老人退休了，重拾儿时手艺，来大上海发挥余热。就这样看着聊着，聊着看着，我逐渐萌生了一个想法：我也可以回去试试哦。

起初，我用现成的材料橡皮泥来捏塑，老人用 10 分钟捏成的面人我要用一小时的时间。为了降低难度，我从水果蔬菜造型捏起，再捏卡通形象。就这样，慢慢地，我捏塑作品有了质量也有了速度。制作中遇到不会的技法，我就去看老人捏，并买下老人的作品以示回报。

随着捏塑水平的提高，现成的制作材料已经不能满足我的需要了。一个合格的面塑师必须会自己和面才行，于是我就开始着手研究面团。经过不断摸索、反复实验，在用掉了很多面粉之后，终于实验成功。现在我调和的面团不霉、不裂、不褪色、可塑性和延展性都有了很大的改观。有了自己的制作材料,面塑技艺如虎添翼,捏塑的作品题材更广,形象也更写实逼真了。

课余,我经常拿自己的面塑作品给学生们欣赏,看到自己熟悉的卡通形象米老鼠、唐老鸭、喜羊羊、灰太狼、小黄人,他们喜欢极了!纷纷表示要学习面塑。于是我又悄然萌生了一个新的想法——是不是可以开发一套适合学生的面塑校本课程呢?

我开始尝试这件事,边实践边修改,首先创作题材既要遵循传统更要有所创新,我选择了学生喜闻乐见的卡通形象;其次在内容编排上逻辑性要强,得符合学生从易到难的认知规律;最后,要符合学生的审美需求,还要图文并茂。就这样,根据这些原则,我反复调整完善课程的结构。2017年,我带着自己编写的面塑课程参加宝山区校本课程比赛,经初赛、复赛、演讲比赛等环节,荣获"百门优质课程奖",编写的面塑教材也被吴淞学区录用为共享课程。

虽然多年的积累获得了一张张证书,但我觉得仅凭自学还是不够的。为了拓宽眼界,为了大幅度地提高面塑技艺,必须走出去,向高人学习,于是我利用暑假时间,向中国民间艺术最高奖"山花奖"得主拜师学艺。师傅的精湛技艺令人折服,师傅既传承经典又开拓创新的精神更令人钦佩!

回来后,我参加了上海市"非遗传习人"手工类的比赛。那是现场制作,时间非常短,只有一个半小时。专业的面塑师都知道,要在这样短的时间内完成一个高质量的面塑作品,非常之难,像江苏省的面塑比赛,制作时间不是按小时计算的,而是以天计时的。所以我在创作题材上改了又改,最终确定做一对喜庆娃娃。题材确定之后,我反复练习,不断提高制作速度,从三个小时完成,到两个小时完成,再提速到一个半小时,达到了比赛的要求,最终也获得了可喜的成绩——教师组金奖!

回顾多年面塑学与教的经历,我有了些许感悟与思考:为什么面塑技艺后继乏人?因为传统的传承方式是家族传授,且传男不传女,像我最初遇到的那位面塑老人,他就把很多想学这门技艺的人拒之门外了,这是其一;其二,这门技艺学起来太辛苦了,且传统的走街串巷的销售方式,很难维持生计,不少人学会后却最终选择了转行。

善于继承才能善于创新。习总书记提出要高度重视中华优秀传统文化的传承发展,面塑以其历史悠久且独具艺术魅力被国家列为非物质文化遗产而受到重视。面塑既有艺术价值又有经济价值,且在儿童阶段学习面塑可以启迪心智,陶冶情操,提高动手实践能力,培养空间想象力和创造能力。

我相信,在国家的大力扶持下,我们改变传统的传授方式,敞开大门,让更多的人来了解面塑、喜爱面塑、学习面塑,这门古老的民间艺术一定会焕发出新的艺术生命力!

细微着手，从心出发

沈　俊

　　"老师，我发现你分饭时有一个秘密。"一天午饭过后，一个一年级小姑娘跑到我身边，悄悄对我说。

　　"是吗？我可不信。"

　　作为一线普通教师，我每周两次进入这个班级给学生分饭并管理秩序。开学至今，满打满算也就十来次啊！她能发现什么呢？

　　"真的！"小女孩忽闪着水汪汪的大眼睛，"沈老师，我发现你有一个习惯，无论给哪个小朋友盛饭，盛好以后总是把餐盘盛汤的一边朝自己，把盛饭的一边交给小朋友哦！"

　　"哇，连这个你也发现了啊！"我有些惊讶。

　　给学生打饭、分发餐盘时，盛汤的一侧朝自己，这是我十多年来在这项工作中养成的习惯，也是我给自己制定的一个"职业操作规范"。学生不锈钢餐盘盛汤的这一侧总是比较烫，低年级学生年纪小，手部力量弱、皮肤嫩，遇事应变能力差，如果端餐盘时手执盛汤的一侧容易发生意外。为了杜绝这种意外情况的发生，久而久之，我就养成了这种递餐盘的习惯。它能够确保学生总是端着餐盘温度较低的另一侧，不被汤汁或餐盘烫到。十几年下来，如今我的这一个"规范操作"早已"习惯成自然"。

　　我真的没有预料到一个一年级的小女生也会注意到这些细节。我连忙接了一句："你是不是觉得老师这样做有什么不对的地方啊？"

"没有,没有。我觉得沈老师这样做非常好,让小朋友都能安全地端着盘子走回自己的座位。"小姑娘回答道,还不忘补充一句,"老师你好细心噢!"

"你也很细心啊,观察好仔细!"

短短的几句交谈,令我心情十分舒畅。作为教师,还有什么比得到学生的理解、认可更愉悦的呢?

一眨眼的工夫,又一个月过去。当我像往常一样,再一次来到这个班级给学生分发午饭时,教室后面一些学生一边吃饭一边悄悄地议论着什么,还不时瞅我一眼。我隐隐约约地感到,他们是在讨论与我有关的一些事情。

"天气已经凉了。小朋友们还是先吃饭吧。趁热吃,有什么事吃完再说,好吗?"我说。

话音刚落,还是上次那个小姑娘迫不及待地站起来说:"沈老师,他们不是在说废话,他们都在表扬你呢,说你是'大神老师'……"

天哪! 一年级的小朋友竟然送给我这样一个绰号,而且这称呼还很有些"玄幻武侠"的气息。

"你们为什么这样称呼我呀?"我走到他们跟前,想一探究竟。

孩子们七嘴八舌地说:"您不是姓神(沈)嘛!"

"你给我们分饭都是有诀窍的——好厉害!"

"每次我们班级的电脑出问题了,你一来很快就能修好,太神了!"

……

那时我内心无比的激动:谁说孩子小就不懂事了? 他们已经理解了我给予他们的关心;他们正在用他们的方式表达对我的喜爱、对我的崇敬;我感受到了自己已经被他们接受,已经融入他们之中。

学生每天在学校与老师相处的时间,超过了和父母相处的时间。

作为一个教师,更应该用胜过朋友、胜过亲人,甚至胜过父母的情感去真心地爱学生;作为一个教师,应该从时时处处的小事入手,无微不至地去关爱学生;作为一个教师,应该通过自己给予学生的爱,让学生感受爱、领悟爱,继而学会去爱自己、爱亲人、爱社会;作为一个教师,只有给予学生真心的爱、无私的爱,才能让学生对别人的爱永远纯洁、永远博大。

爱吾所爱,行吾所行,细微着手,从心出发!

不求做名师
用心做明师
有明师志存高远
为教育理想奋斗不止

最 美 的 时 光

须美芳

"丁零零……"电话铃声使我的目光从作业本上移开。

"须老师,学校想请你带教一位青年教师。"

电话那头领导的话令我有些意外。虽然我曾经在学生面前声称自己的教龄比他们的年龄还要长,算得上"年轻的老教师",但带教刚入职的新教师却是头一回,心中的激动、忐忑交织在一起。

"须老师,我们相信你的学识和能力,就请你辛苦带教,帮扶小青年顺利启航!"领导的话让我想起自己刚工作时的情形:年轻的我得到很多前辈的无私帮助,那真是一段最美的时光。现在,到了我传递这一份美好的时候。

与君初相识,犹如故人归

一个星期五下午,师徒结对仪式即将开始。刚踏进会议室,就见一群朝气蓬勃的年轻人左顾右盼,好不兴奋。"须老师,这儿呢!"一个姑娘微笑着向我招手,清秀的脸庞稚气未脱,甜美的嗓音悦耳动听,她正处于女孩最美的时光。"须老师,我是您的徒弟小刘。我事先看过您的照片,所以您一来我就认出来啦。师傅,您先坐,我去给您倒水!"轻柔的话语让我心中生出丝丝感动。

小刘自然、率真,相识的瞬间,我便喜欢上了这个热情、用心的小姑娘,那感觉犹如遇见故人,完全没有陌生感。我满怀憧憬,期待和小刘一起快乐成长的未来。

人之相识，贵在相知

一个阳光明媚的午后，我如约来到小刘任职的学校。小刘的课堂着实让我吃了一惊。三年级的学生原本是最活泼好动的，可他们在小刘的课堂上却表现得无精打采、异常沉闷。好不容易挨到下课，小刘一反初次见面时的活泼自信，慌张无助地望着我，我仿佛看到了二十年前的自己。

"小刘，我认真看了你的教案，挺规范的，看得出你认真备课了。走，咱们回办公室，慢慢聊。"

在办公室坐定以后，小刘低垂着头，还是我先开口打破沉默："小刘，你能先和我谈谈你对这堂课的思考吗？"

小刘开始说话，她的眼神是黯淡而迷惘的。我要帮助她，就像很多人曾经帮助过我那样，我心中暗暗想到。我回忆着刚才课堂上的情形，并快速在脑海中做着梳理。

"你看，在课堂上，我们面对的是鲜活的孩子，所以不能老师唱独角戏。我们得把学习的主动权交给学生。我建议是不是关注这几个问题，第一……"

渐渐地，小刘的眸子慢慢亮了起来。她意识到问题出在哪儿了，对我的建议也深表赞同。晚上，我意外地收到了她的邮件——《剖析沉闷激活课堂》，文章分析得颇为深刻。最后她发出了邀请："感谢师傅的指导，我会努力的！下周四请您再来听我的课。"

下一周，我如约再次坐进小刘的课堂。虽然她的教学方法还很稚嫩，课堂用语谈不上句句精妙，但她眼里有学生了，能创设情境吸引孩子，能用不同形式引领学生进行语言练习，也能倾听他们的回答并给予及时评价了。在过去短短的几天里,她取得了实实在在的进步! 课堂上,举起的小手越来越多,35分钟,不知不觉在师生、生生间的互动中过去了。课一结束,我舒了一口气,露出满意的微笑。小刘的脸上泛起淡淡红晕,我的心中荡起层层涟漪。

"师傅,我知道做一个合格的小学英语老师,需要蹲下身来与孩子平等交流;要在我专业八级的英语词汇表中搜索孩子们听得懂的语言,把书本上的单词、句子变成孩子们感兴趣的故事;孩子回答时我得认真听,给予恰当的评价。您说对吗?"

"我会努力让孩子们喜欢我、喜欢英语学科的。"

……

在微信上,小刘不时与我分享着她在教学上的感悟。从相识到渐渐相知,我对小刘的好感与日俱增。她虚心好学,有进取心、有行动力。到底是年轻人,学什么都快,真是最美的时光。她的出现也点燃了我心中的火:我和她一起钻研教材教法;我和她一起观课研课;我和她一起探索课题,我仿佛又回到了刚入职的时光,如饥似渴地学习着。我和她与其说是师徒,不如说是学伴。我想要帮到她,就必须和她一起前行。

人之相知,贵在知心

通过微信朋友圈,我对小刘的了解更全面了。生活中的她爱笑爱玩,善良、正直。我们的交流超出了书本、课堂。圣诞节到了,元旦来了,总能在第一时间收到她的祝福;她生病了,我会送去关心和问候;我有不了解的英语语法,总能得到她这个硕士的完美解答;我们聊特殊学生的转化,也聊喜欢的音乐和美食……同为独生子女的我们,收获着一种姐妹般的真挚情感。我情不自禁地把她的朋友圈备注改成"Sister Liu"。

与你相遇,友谊开始了全新的旅程。与你同行,激情点燃了共同的理想。年轻岁月,是最美的时光;薪火相传,是最美的时光;与子同行,是最美的时光。感谢相遇,让我们拥有了这些最美的时光!

不求做名师
用心做明师
有明师志存高远
为教育理想奋斗不止

再 次 出 发

朱丽霞

焦　虑

2017 年 3 月,我有幸参与了区重点课题《教学德性理论视域下经验型教师课堂对话行为优化的实践研究》的研究。第一次读这个长长的课题,我脑海中只有一个字——懵。反反复复读了好几遍,仍然摸不着头脑。当我知道,作为课题的参与者每个学期要承担好几节研究课且课后有"专家会诊"时,更是惴惴不安。"专家会诊"的言下之意是找出我课堂上的毛病,我会不会成为众矢之的? 我把心里的焦虑告诉分管语文教学的宋老师,她鼓励我相信自己,大胆尝试,有专家的把脉可以让自己在教学上提高得更快!

尝　试

的确,鉴于长年累月固定的教学方式和一成不变的教育教学情境,我深感自己的教学进入了一个瓶颈状态,希望在专业发展上有一定的突破,但在发展道路和策略选择上又陷入了迷惘和困惑,这次挑战或许是再次出发的契机,能让我有所突破吧。

怀揣着这份希望,我开始准备第一堂录像课——《医生的心思》。通过前期对课题懵懂的了解,我知道这个课题关注的是对课堂上对话行为的研究。课堂对话既有师生之间的,也发生在学生之间。在备课时,我曾犹豫该怎样设计自己的"话",可后来决定：呈现最真实的自己,最常态的课堂!

课很顺利地上完。很快,我就收到了课题组专家的反馈意见：课上得很不错,当然还可以做得更好——课堂节奏可以稍稍慢一些,让孩子有充分的思考时间,给孩子互相评价的机会。

反　　思

我细心琢磨着：让每一个学生更主动地参与课堂,需要老师精心的引导与设计。学习策略的获得并不完全依赖老师传授,而是让学生去主动探究,这样的收获才是能力的提升。我反复回看上课录像,寻找自身不足,观察课堂上孩子的表现和参与度。是啊! 我的快节奏看似让教学干脆利落,但却牺牲了学生慢慢思考的机会。我引领学生探究文本的主要问题,看似问题抓得很准确,但没有倾听学生真实的心声,整节课同伴之间的相互交流几乎没有! 看似效果不错的一节课,到底让学生收获了多少? 我开始考虑这个问题：课堂对话到底是什么? 实现有效的课堂对话,我该怎样做?

跟　　进

带着这份疑惑,我翻开《语文课程标准》寻找答案。课程标准中明确指出：阅读教学是学生、教师、文本之间的对话过程。它是个环节,是一个过程,更是一种理念。它形成了师本之间、生本之间、师生之间、生生之间的网状关系,实现学生、教师、文本的和谐统一。那我该如何去设计这个"话"呢? 只有有效的对话才能创造精彩的课堂!

设　　计

在思考中,我开始筹备第二堂录像课《小毛虫》。文章描写了一只小昆虫从结茧到羽化的变化过程。怎样才能让学生更主动地参与课堂教学,学会学习,成为学习的主人? 心中有学生,让学生先行。这句话始终回响在我脑海中。

在引导学生理解课文内容时,我设计了这样一个问题:"找找从哪些词语或词组可以看出小毛虫的尽心竭力?"

记得若干年前上到这个环节时,找了一个学生交流答案后,我马上进行了评价,然后指导朗读,很顺利地过了这个环节。这次的课堂上,我把这个环节进行了小小的修改,在学生交流后,我没有直接评价,而是让孩子先来进行评价,你认为他找到了吗? 为什么?

"我找到的词组是'织啊织啊',说明小毛虫的尽心竭力,因为它一直在织。"

"我认为不对,'织啊织啊'只织了两次,不能体现小毛虫的尽心竭力。"

"我觉得'织啊织啊'就是说小毛虫一直在织。"

"我不同意。"

"不对!"

……

孩子们的观点针锋相对。

收　获

没想到让孩子们先行评价会出现这个结果,看来以前这个环节的处理貌似很顺,其实孩子们并没有真正理解,结论是老师"喂"给他们的。今天的课堂对话,才真正地暴露了学生的相异构想。

如果我直接告诉孩子答案,那还是老师的一锤子定论,这样做虽然可以马上平息眼前孩子的争议,让课堂的节奏重新回到我设计的环节上,按部就班地进行下去,可我让孩子先行的目的是什么呢? 于是,我抛开了手中的教案:"孩子们,闭上眼睛,听老师来读这句话,告诉我在你眼前出现了一幅怎样的画面?"

朗读时,我故意夸张地把两个"织啊"读得很慢。等我读完,孩子们陆陆续续举起了手:"我看到了小毛虫一直在耐心地织网。"

"我看到了小毛虫一刻也没有停下来,还是在织网。"

"我看到了小毛虫不管别人在干什么,它都在织网。"

……

当孩子们在想象中感受小毛虫的尽心竭力时,我顺势引导:"对呀,一刻也没有停,耐心地使出全部力量。这就叫——尽心竭力! 虽然在这里作者只用了两个'织啊',却让我们想象到小毛虫尽心竭力织网的画面,让我们一起来通过朗读加深体会!"

这样的课堂对话设计可以使孩子们更认真地倾听,并积极发表自己的不同看法。不同的对话者将各自的视角打开,与同伴的视角交叉、碰撞、融合,使学生借助别人的"眼睛"看到文本中的更多"风景"。这样的课堂,这样的方式获得的知识远远要比老师直接讲授更能引起他们的共鸣。

坚　　定

虽然研究实践才刚刚起步,但我已感觉到慢慢发生在自己身上的变化:我不但开始坦然接受教科研,而且努力尝试着改变自己每一天的教学行为。突破自我,再次出发,重新唤起我对教学的新鲜感和好奇心。这一切最终得益的,不仅是我,还有我们的孩子。每当想到这一点,我就更坚定了课题研究的信念。

一本书引发的改变

张菊萍

在小学里,班主任工作一般是语文老师的"专利"。作为一个数学教师,我感到很荣幸,我不但成了一名班主任,而且这项工作给我带来了很多的感悟,因为我遇上了一群人,一本书。

一 群 人

若干年前,换了工作单位,除了继续任教数学,还被要求担任一个班的班主任。虽说以前从没当过班主任,但"没吃过猪肉,也见过猪跑"。再说了,我还管不住一群四年级孩子吗?

但当我真的跟这群孩子一打照面,我明显感受到"理想很丰满,现实很骨感"——孩子们行规习惯欠缺;出操时排队不整齐;每天的值日工作也不够尽职尽责……开学不到一周,种种班级管理漏洞渐渐都浮现了上来。

这种困境把我愁得夜不能寐,心头像压了一块大石头。可孩子们似乎丝毫感受不到我的痛苦,照样我行我素。面对一盘散沙一样的班级,我开始变得烦闷、焦躁,脸上也没有了笑容。在我的"严厉管教"下,学生们似乎有了些收敛,可是我明显感觉到课堂气氛的压抑,课后也少有学生主动来与我闲聊、亲近。我感到极度失落。直到教师节那天,我收到一张学生自制的贺卡,上面写着:"老师,希望您天天拥有好心情,要多笑哦!"此时,我忽然醒悟到这种状态真是太糟糕了! 于是在班主任管理方面的"饥饿感"再次油然而生,当天一下班便一头扎进图书馆,寻找我的"粮食"。

一　本　书

无意中我翻到一部作品——《班主任工作漫谈》,作者是魏书生老师。这本书收录了魏书生的教育类文章以及他学生的日记100多篇,没有华丽的词藻,没有长篇大论的说教,有的只是一些朴实的话语和平常发生的事件。魏老师细致、随和、敏锐、高尚,书中的事件真实动人。魏老师的一句话让我大受启发:"凡是学生能干的事,班干部不要干;凡是班干部能干的事,班长不要干;凡是班长能干的事情,班主任不要干。"他的教育思想都体现在那些既有规律性又有规范性的具体措施中。他所执教的班级班规就有30多条,通过精心周到的安排,班中实现"事事有人管,人人有事做,时时有事干"。但魏老师每做一个决定时,都会跟孩子们商量,通过民主投票决定,每个孩子都是班中的决策者。他的管理制度体现了民主性、科学性,他认为民主管理提高了学生对管理的认识,也调动了他们参与管理的积极性。经过一番细细品读,我也似乎从中获得了些许管理班级的方向。

改　　变

经过一段时间的静心"充电",再回头看看我原先的班级管理,把自己弄得那么疲惫却又没有什么成效,确实太值得反思了。我一直想着怎么把魏老师的方法运用到自己的班级中去,怎么样达到像魏老师那样"无为而治"的境界,我下定决心要让班级面貌来一个改变。

我做的第一件事就是民主选举班干部。班干部由中队长和6个中队委员组成,不同的委员重新制定其负责的事项和职责,分工明确;第二件事是全班重新调整制定值日表,明确各自岗位,并商定如果遇到特殊情况该怎么处理;第三件事是每天晨会时间的安排,什么时候交作业、交到哪里、谁负责整理、交完作业该干什么、每天早晨的阅读时间由谁负责管理等,一项一项细则落实清楚。每项规则的制定都是全班商讨后通过的,有什么漏洞也由学生及时指出,全班动脑筋加以修改。我们还商量出一套奖励细则,给予表现好的孩子一定奖励。这些细则跟每个孩子切身相关,孩子们都很乐于一起出主意。在这样科学、民主的管理下,呈现出有人管卫生,有人管做操,有人管收作业,有人管字词默写,有多少事情就有多少人管理,各管一项,负责到底的景象。就这样,我班系统地形成了"班主任——班干部——其他学生"三级管理网络。

这套规则形成后,学生们慢慢开始践行。不知不觉中,早晨 10 分钟收完作业;晨读时间人人一本书,静心阅读;大扫除 20 分钟完成……班级管理初见成效。我心中那块沉甸甸的石头渐渐落下了。少了紧盯式管理,多了民主式自治,加上适当的奖励措施,孩子们乐开了花,师生关系也变得融洽。魏老师说得对:埋怨环境不好,常常是我们自己不好;埋怨别人狭隘,常常是我们自己不豁达;埋怨天气恶劣,常常是我们自己抵抗力太弱;埋怨学生难教,往往是我们自己方法太少。

魏老师的这本书不仅改变了我的学生,更改变了我的教育理念。

我在阅读中不停地反思,反思书中观点,反思自己的教育行为,反思学生的变化,并将反思的结果融入自己的班主任工作中,形成自己的实践。这种以读书为基础的"阅读——反思——实践——再阅读"循环过程促使我的班主任工作得以发展,使我的教育生命得到了润泽!相信在未来的日子里,书籍依然会滋润着我,带给我隐形的翅膀,助我飞向更高的蓝天!

我 的 愿 望

蒋晓磊

　　三年前,当我走出大学校园时,我有这样一个愿望——我要成为一个教师,一个数学教师!不知道是哪位大神说的:"数学,一种可以用来化解难题的智力游戏。"这话听着就带劲儿!想象着因为我,一群孩子个个聪明又机灵,我的嘴角就忍不住向上扬起,要笑出声来。

　　走上工作岗位,我真的成了一个数学老师。很快,实现愿望的欣喜就被现实兜头浇了一盆冷水。有时候,明明是一道难度很一般的题,教了三五遍,孩子们好像已经学会了。可过了两天,那些天真可爱的宝贝们又不会做了!跟家长接触,有的妈妈直言不讳地告诉我:"我小时候最怕数学了。"还有一个家长跟我说:"我家宝宝很喜欢你的,可是看到数学题目,就有点头晕……"为什么相对于语文、英语,有些学生会如此害怕数学?数学不是又智慧又有趣的吗?我一定要成为一个优秀的数学老师,让孩子们因为我,喜欢上这门神奇的学科,这就是我新的愿望。

　　作为一个年轻教师,通过学习我知道,要实现愿望的途径有很多。比如说,做一个学生喜欢的教师。有的学生就是从喜欢一个课任老师开始,进而喜欢上一门学科的。原先声称"最不喜欢"我的浩浩,现在已是我的铁杆小粉丝,而且数学成绩真的进步不小。我很开心,我迈出了实现愿望的一步!

　　又比如说,树立学生克服困难的信心和勇气。看着学生在我的耐心辅导下,学业一点点有了起色,虽然辛苦,但是我感觉离达成愿望又迈出了一小步。

那天,我留然然补习,完成后和他一起离开教室。然然起身,发现鞋带散了,伸出脚对我说:"老师,我不会系鞋带,你能帮我系一下吗?"看着他可爱纯真的眼神,我整个心都要融化了。我弯下腰,一边替他系一边说:"你们这个年纪的小朋友好多人都不会系鞋带。其实这里面是有诀窍的——小鞋带,手中拿,一左一右先交叉……"

系好鞋带我拉着他的手往外走。"谢谢你,老师。"他说。

"好!你的感谢我收下了。我一定是第一个给你系鞋带的老师吧!"

"不是的。别的老师也给我系过,"然然很认真地说,"但你跟他们不一样,你是一边念儿歌一边教我系鞋带的。那首儿歌,你能再念一遍吗?要是我把这首儿歌记住了,就会自己系鞋带了。"

听着他的话,我的心不由候地一动。我的数学课不应该跟念儿歌教系鞋带一个道理吗?只有启发学生好学、乐学、会学,他们才能真正喜欢上数学。也许我能改变的只是很少一部分人,但我愿意去试一试,改变一些孩子对数学的看法,让他们发现数学的魅力。

第二天的数学课,正好是学习数组合图形的个数。我提到要用"有序"的方法去数,并演示了如何从数单个图形开始,再数多个图形的数目。下课前我总结:"无论数什么样的组合图形,方法都是一样的。你们可以自己设计一个组合图形,看看能不能难倒爸爸妈妈,能不能考倒老师。我等着接受你们的挑战哦!"

果然,我的这句话被学生记在了心里。第二天,一个学生拿着他自己"创作"的组合图形来给我看,来考考我他的作品里有多少个三角形。我和他一起探讨完之后,又把他的作品给全班学生进行了展示。

第三天,又有更多的学生拿着他们的作品来考我。我鼓励学生们利用下课时间互相考考同桌。就这样，每个孩子都争相出题去考别人，班级里一时间形成一股"出题比赛"的风气，激起了学生们探索难题的兴趣。看着孩子们天真的举动，我开心极了。后来的检测证明，这个知识孩子们掌握得相当扎实。我知道，我又向我的目标迈出了一步！

一转眼，工作已经三年了。做教师时间越长，就越发觉得要学的、要做的事情很多。时至今日，我依然会思索：我要成为一个什么样的老师？我希望当学生们长大后回忆起我来，不是那种"很可怕的老师"，而是"我喜欢的数学老师"；我希望因为我的存在，他们的品格更高尚、目光更深邃、学识更广博；我希望因为我的缘故，丰富他们的想象，启迪他们的心智，温暖他们的感受……

对于今后的职业生涯，对于做一个什么样的教师，我有一个梦想！

乘着想象的翅膀

焦 晶

"Let's enjoy Wibbly's story!"随着刘秦老师清脆的开场白,二(7)班的学生们一个个伸长脖子,目不转睛地跟随刘老师进入英语王国。我们的教研活动也乘着 Wibbly 想象的翅膀拉开帷幕。

刘老师通过对小猪 Wibbly 的绘本学习,先创设了一个大的语境,令学生们整体感知文本,对学习内容形成初步印象,为之后的深入学习奠定基础。接着刘老师借助图片与视频为学生创设了一个个真实自然的小语境,尤其是"cloud"——云的语境设计,巧妙而又贴近学生的日常生活。

"What can Wibbly see?"

"Look at the cloud. It looks like…"

孩子们随着小猪 Wibbly 的所见所闻,话匣子一下子打开了:云像胡须、像船、像伞,像孩子……他们就这样在生动有趣的情境中,围绕话题兴致勃勃地交流自己的想象,既丰富了原本简单的教学内容,又充分激发了学生们表达的兴趣和欲望。通过阅读绘本故事,学生感受到学习英语知识的快乐,进而把对绘本阅读的喜爱逐渐转移到英语课堂学习中,乘着想象的翅膀,整个课堂充满了笑声和乐趣。

这是 2017 年 12 月 1 日,我校英语低年级教研组在区优秀教研组终评阶段的一节课,也是教研组对"实施精准指导,构建魅力英语课堂"一次深入的主题式研究。

这节课从我们暑假着手准备资料开始,到刘老师第一次试教,教研组8个人已经对整堂课的研究主题和内容做了深入了解,做到听课时有备而来。在首轮教学观摩之后,我们进行了热烈的研讨,甚至是针锋相对的。在充分讨论之后,就是对教学设计的改进:改教案、改课件,同课重构……第二天刘老师紧接着跟进再试教,组内开展二度教研,再讨论、再研究,遇到意见不统一或心里特别没谱的时候,分管英语教学的李老师和施老师就亲自上阵"试水教学"。经过一次次齐心协力的磨课、评课、修改,我们确定了以大胆的想象激活学生思维、激发学习兴趣这一教学主线,刘老师终于携着《2AM4U1 In the sky》在宝山区优秀教研组终评中闪亮登场。

评审当天,首先是教研组长吴老师介绍以"SHARE"引领的教研活动,而后是刘老师执教《2AM4U1 In the sky》。整堂课以精准指导为理论依据,在精整内容、精设活动、精制板书、精准评价等方面,呈现了一堂高效的、精彩纷呈的课。在充满童趣的情境中,刘老师做到了"教学无痕,精彩有痕",得到了专家领导和教研组成员的一致好评。紧接着开展的是教研组研讨活动,我们先后从教学步骤合理推进、教学活动设计有效、板书的支架和语义功能、语言分层递进训练、课堂语境创设等几个方面对刘老师的课进行了深入点评和探讨。在热烈而融洽的教研中,大家对于精准指导又有了更深的理解,并将带着新的收获和启迪开展课堂实践,为下一次教研做好准备。

最后是答辩环节。在众目睽睽之下,评委们抛出一个个问题,尖锐而深刻,对于坐在场上的我们来说,这是一场智慧和能力的考验。当时,我有一种既如坐针毡又酣畅淋漓的奇特的双重体验。我们在这个平台上策划、实践、思考、争辩,也聆听着专家的指导和建议。通过这次活动,我们每一个人都得到了历练和成长。

　　这次区优秀教研组评比展示活动对我们每个人的影响都是深远的。活动过后,我们每个老师都努力将学到的信息及时传递给身边的同事,把教研所得的效应放大,继续在日常课堂教学中进行实践研究,实现着累进式的提升。

　　魅力英语源自魅力课堂,魅力课堂是教师的追求,也是学生的向往。新课标下的英语课堂应该充盈着诗意的浪漫,呈现出艺术的绮丽,洋溢着生活的气息,飞扬着生命的快乐!新时期的英语教师要树立科学的教师观和学生观,要面向全体学生构建魅力课堂,让导入精彩亮丽,让活动卓有成效,让探究乘着想象的翅膀,让课堂真正成为学生精神生活的乐园!

不求做名师
用心做明师
有明师志存高远
为教育理想奋斗不止

难忘的第一次

须勤芳

2017年12月23日11点10分,上海市气象局礼堂,科普竞演决赛颁奖典礼。"获得一等奖的是——宝山区第一中心小学!"主持人话音刚落,我和孩子们就从椅子上蹦了起来,激动得抱在一起欢呼雀跃。8个月的努力付出终于画上圆满句号。

事情还得从2017年4月底说起,我参加区少科站气象组教研活动时收到了"说天气 话气候"上海市中小学生气象科普竞演大赛的通知,参赛对象是全市四年级和七年级学生。这是我第一次指导学生参加市级比赛。

初赛,井然有序

根据要求,我开始在全校8个四年级班级中推进这项工作:打印通知、全员动员;指导学生关注"上海爱天气"微信号,学习气象知识,并在规定时间内完成气象科普网络答题。

为了有效推进,我在每个班选了一个记录员,负责关注进展情况,对同学碰到的问题予以解答帮助,登记网络答题的分数……一切都井然有序。

经过一个多月的持续努力,我校以极高的参与率和优异的答题平均分,获得复赛资格。

复赛，一波三折

复赛面临的困难更多。赛会要求组织学生展示气象科普秀。接到通知已是 6 月下旬，而复赛竞演时间是 9 月 10 日左右，不折不扣的"时间紧、任务重"。

根据赛会提供的几个主题，我认真思考，最后选择"寒来暑往，四季轮回"，从一般学生不太熟悉的二十四节气入手，采用四人表演群口相声《话说二十四节气》的形式诠释气象知识。我抓紧学期末的时间了解学生对相关认知的储备情况，完成了剧本第一稿，在随后的排练中又不断修改润色。

与此同时，我开始挑选小演员。根据学生个性及平时上课表现，我选了小泽、小铭、小胡和小张。小泽、小铭知识面广、好动调皮，适合逗哏；小胡性格沉稳、小张聪明伶俐，负责捧哏。期末考核结束后，学生忙得不亦乐乎，有的探亲，有的旅游，有的补课……我取得了这四个学生的联系方式，建立家长群。排练刚入正轨，又横生波折，小张转学了！我只得重新选人，让小徐来接替……

暑假期间四年级就读的西部校区大修，开学后四年级搬到了离我工作的东部校区更远的行知二中，每个周五我就去那里和他们一起排练。

就这样一波三折进入复赛，竞演视频在"上海爱天气"微信公众号上展示，接受网络票选和专家评审。那段时间，学校在公众号里推广，老师在各班宣传，选手、家长不断拉票。12 月，接到决赛通知。

决赛，好事多磨

得知这一消息，我喜忧参半。带领学生闯入市级决赛，对我来说是第一次,压力不可谓不大。

决赛除了表演外,还有气象知识问答。考核的知识点范围广、内容多、难度大,靠死记硬背是不行的。为了让学生更好地理解知识点,我先上网查阅了大量资料,然后再给学生梳理知识、划关键词,模拟出题让学生作答。

正当我按计划组织学习和排练时,小泽妈妈告诉我孩子还要参加OM的训练,时间上有冲突。我马上跟OM项目老师协调,让小泽两不耽误,气象知识学习就不用参与了。最后小泽居然说服妈妈,调整了课外补习时间,前来参加气象知识学习!

更没想到的是气象决赛和OM决赛时间是同一天!知道这事后,我马上把情况告诉组委会,请求在原本的抽签排序上作调整,最终组委会安排我们第一个竞演。气象竞演结束后,小泽马上转战OM决赛现场。

第一次指导学生参加市级比赛,就能获得如此成绩,欣喜之余,我也在思考其中的原因。除了获得学校支持,进行了广泛的发动之外,我认为有三个方面很重要。

其一,精神奖励的作用。

在暑期排练时,我总是带些水果饮料酸奶零食给孩子,花费不多,却让学生、家长感受到老师的关爱。但整个赛事中,真正激励学生不断前行的是精神奖励。初赛时,我告诉学生,完成网络答题可在赛会专区下载参赛证书留念,并用学校"童欣卡"奖励参与者,这一举措保证了我校的竞赛参与率;复赛排练前,我告知小演员视频会在公众号展示,这是为自己和学校争荣誉的好时机,一定要好好表现,把最完美的表演呈现给大家;备战决赛时,我不仅对他们在复赛中的表现大加赞扬,还激励他们在决赛时再接再厉,齐心协力完成知识问答,给自己的小学生涯留下美好回忆。正是这种精神激励,使比赛活动由"让我参加"转变为"我要参加"。

其二,请有经验的同事指导帮助。

因为我是第一次指导市级比赛,所以各方面经验不足。同事葛老师有这方面的经验,所以我诚恳邀请她协助,葛老师爽快答应。得益于她的帮助,我们事半功倍。

其三,与家长的有效沟通。

暑期中商量排练事宜,一开始约了几次都不成功,我有点焦虑。小胡妈妈私下跟我说白天大家都忙,不如晚上把孩子送到我家来练。胡妈妈的建议让我豁然开朗,终于定下了第一次排练时间。

后来,我又摸索出一些方法:排练前,及时告诉家长自己的计划,让家长提前做准备;排练后,把进展和孩子表现出的优缺点告诉家长,请他们共同督促学生改进;因私人原因与排练发生冲突,我私下跟家长交流,家长最后总能顾全大局。

2017 年的暑假,天气炎热。有时白天彩排,学生、家长顶着烈日来到东部校区。我就请家长在另一间空调房内休息……

有效的沟通,让"学校的事"变成了"孩子自己的事"。

这难忘的第一次,是我教师生涯中宝贵的财富。

"泳"往直前

袁雯君

理想是指明的路灯，没有理想，就没有坚定的方向，而没有方向，就没有生活。当有一天你做了这件事情之后，未必这件事情就是你的理想，而真正的理想是你做了这件事情之后，重新定义你的人生，愿意为之承受一切，付出一切，那时你才有资格去说你的理想。

——列夫·托尔斯泰

做一个体育老师，并拥有一支自己的校游泳队。这就是我，一个游泳国家一级运动员的理想。

我五岁进入泳池，每天至少两小时训练时间，全年无休。这样的生活从幼年一直延续到大学毕业。自身的经历使我明白，体育是最好的教育，当所有的苦痛成为笑谈，留下的是坚韧不拔的性格，是勇往直前的执着。我无意于培养专业运动员，但我想让我的学生享受游泳的快乐，并在柔软的水波中变得坚不可摧，所以我想拥有一支自己的校游泳队。

我是幸运的——回到小学时的母校，成为一个体育老师，和儿时曾任教过我的老师一同共事，他们也像以前一样地关心我照顾我。可是我没有属于自己的游泳队。羽毛球、田径、乒乓……什么训练队我都参与带教，研究着非本专业的训练项目。我以初生牛犊不怕虎的干劲全力以赴地做事，随时用笔记录下自己的点滴收获。同事跟我开玩笑：

"你终于上岸了!"我却告诉自己:我是属于泳池的,它赋予了我一切。我想发挥自己的特长,我想做自己喜欢的事情,我要"泳"往直前!

学校没有游泳队的原因很简单:如果要学游泳,家长们更习惯将孩子送到游泳学校。那里有良好的硬件、专业的教练。我只是个初出茅庐的小年轻。要改变一种固有观念很难,但我必须为之努力!

我喜欢看励志的书籍、励志的电影,甚至是励志的运动广告,因为这些可以帮助找回运动员时的我,找回更有毅力的自己。我坚定地给自己设定了目标:重新回到赛场,以此证明自己的实力。我重新回到泳池,保持着一定的训练量,并开始参加一系列成人游泳比赛。那一张张一枚枚奖状和奖牌在宣告:我复出了!我成功了!

我并没有停下自己的脚步,把能证明自己专业和资质的证书都考齐全了。恰逢区里推进四年级学生"人人学游泳"的契机,每次我校的孩子们去游泳,我都站在泳池边寻寻觅觅那些游泳的好苗子,热心地帮助他们纠正泳姿;我将这些孩子组织在一起,与周边游泳场所沟通,寻找适合的教学场地开展训练;区校运会即将开始,我积极地组织他们报名参赛……终于——我有了一支属于自己的游泳队,我离梦想又近了一步!

每次训练前,我都认真备课,而且准备了预案,做到能根据具体情况随时调整训练计划;我打破传统,在单调枯燥的训练中融入一定的趣味性,让学生感觉游泳训练是快乐的;同时,我又以严密的计划性、扎实有效的教学保证训练有针对性、实效性,不断提高队员的游泳水平。

不久,我的游泳队就成了校内各体育运动队中的明星团队,入选需通过层层选拔,有着严格的招录标准,每学期训练结束都会有一次测试与评估,只有优秀和勤奋的孩子才能继续留在队里。校内的其他社团都在开学初由学生通过学校网络平台选课,只有游泳社团是独立招生,享受特别通道,每一个被我选中的小队员都感到非常的光荣与自豪。

社团的成绩一年比一年优异,除了学生出色的个人成绩外,团体成绩也捷报频传:2010 年至 2017 年代表宝山区参加上海市阳光体育大联赛获得团体游泳一、二、三等奖;2016 年我校游泳队获得区团体总分第一,这可是 PK 掉游泳专业学校取得的成绩。我的这些"小鱼儿"在收获成绩的同时也变得越来越有毅力、越来越坚持不懈。

把自己的爱好变成职业真是件很幸福的事!我很庆幸,一直没有放弃自己"泳"往直前的理想。如果没有崇高的教育理想,没有锲而不舍地向着理想迈进的人生态度,没有奉献青春与爱心的精神,教师怎么可能在自己的教育人生中创造教育奇迹?这将是我为之奋斗的方向,是我需要用自己的一生去诠释的意义。

在泳池的日子里,感动、渴望、期待一直充斥着我的心灵。站在理想的起跑线上眺望,我越战越勇。在这里,我能得到学生的尊重、认可、热爱和崇拜,这就是我的职业幸福感。我的一生不一定要干成什么惊天动地的伟业,它应当犹如百合,展开是一朵花,凝聚成一枚果;它应当犹如星辰,远望像一盏灯,近看是一团火。在"照亮"学生的过程中,同时也"照亮"了我。游泳成就了我人生中最美丽的篇章。我会继续带领着队伍快乐地游下去,"泳"往直前!

遇上中华经典

郭晓萍

缘　起

缘分就是那么奇妙——2013 年春天，一个偶然的机会，身为数学教师的我带着刚上小学的儿子来到了宝山亲子国学读书会。从此，每个周六上午，我都会陪儿子来这个国学班一起阅读经典、分享体会。我们从蒙学《弟子规》到《孝经》《道德经》……一字一句地点读，一点一滴地积累，浸润于返璞归真的清新，如同经历了一次次心灵的洗礼，阅读中华经典让我再一次感受到儿时"一心只读圣贤书"的那种心的清净。

修　业

"妈妈，为什么要读这些书？"儿子曾经这样问我。是啊，为什么要阅读经典？我这个数学老师为什么要阅读中华经典？在物质文明飞速发展的今天，为什么要去读这些古老的东西？

学生时代的我，是喜欢阅读的，但随着人生角色的转换：教师、母亲……我犹如被设置了固定程序一般，每天为工作、家庭而忙碌，那个曾经热爱阅读的我，不知不觉丢失了当初那份阅读的热情和活力，看的最多的是教材分析和各种教学书刊。我知道，此时我研习精进的只是"术"。

随着慢慢走进经典，才感受到，古老的东西并不意味着过时。中国传统圣贤教育,可以追溯到4 500多年前,代代相传。中华传统经典中所积淀的古大德的智慧、真理就如太阳一般,历久弥新,告诉我们生命的价值所在,引导我们筑就幸福人生。

在现代科技高速发展的信息社会,中国传统文化的复兴大行其道。尤其是在孩子的成长过程中,学习、力行《弟子规》等传统经典,"童蒙养正",引导孩子在待人、处事等方面养成良好的行为习惯,是当今社会缺失的家庭教育的最好指引,也是学校教育的最好助力。

"一书一世界",每一本经典都是一个心的世界。阅读经典,就如同与圣贤对话。几年的"经典阅历"让我真实感受到,阅读经典本身就是一个学习和提升的过程。

[日有所诵]

阅读对一个人的影响不是一蹴而就、立竿见影的,忙碌的工作、琐碎的家务,一不留神就会淹没我们的阅读兴致。除了每周六上午的阅读时间,我给自己制定了"1+1"的阅读计划:每日早、晚各阅读半小时;利用一切碎片时间,下班路上、做家务的时候……用手机上的"喜马拉雅FM"听经典,一些当代传统文化大师对经典的诠释就是这样听完的。以"读书的习惯"养"处事的习惯",我变得更有规划性。

[熟读精思]

正如朱熹所说:"读书之法,在循序而渐进,熟读而精思。"一个现代人要把经典中的真理"活学活用",就要真正理解其义理,用圣贤的智慧点燃自己的智慧。我不再"喜新厌旧",一些较短的经典,反复熟读后才开始翻阅相关的注释文。每每查看译文或相关历史典故,尽量做到"有所思,必有所记"。

"熟读"令我提升了记忆力,"精思"更让我走进经典、走近大儒的思想。不知不觉,我在日常工作中也养成了"好思好记"的习惯:每一次的家长会发言、考卷错题分析,每一个特殊生的辅导困难和后期跟进……我都会对其进行反思并作相关记录,翻看以往的记录,纵向的比较让我在经验的层面上更合理地改善和调整自己的言行。

同　　道

我与许多来自各行各业的家长、义工老师成了朋友,在大家的信任和推荐下,我也成为一个义工老师。面对这个人生中崭新的角色,"责任"如一把双刃剑,有压力也赋予我动力。我向义工"元老"们学习;我更精进地阅读、思考。

为坚持国学班"大力弘扬中国传统文化的根——孝道和师道"的宗旨,我和义工老师们一起,组织大家诵读《道德经》《千字文》《声律启蒙》等经典,感受中国经典之美。我们遵循"心到、眼到、口到"的读书法,让经典的每一个字"入眼、入脑、入心"。

为了更好地丰富课程内容,不被个人的主观知见所限制,我努力学习国学大家的著作,根据大德们的诠释,结合孩子们的年龄特点,选取《二十四孝》《孝心美少年》等古今中外的孝子故事,整合、制作成精美的PPT,为孩子们进行深入浅出的讲解,让孩子们了解在家、出外、待人、接物与学习上应该恪守的守则规范,知真假、辨善恶、识美丑。

宝山国学班就如一个蹒跚学步的孩子,一路成长。每周六上午2个小时,从最初的诵读,到后来不断丰富课程内容、形式:经典诵读、蒙学讲解、故事分享、吟诵、手语歌等,让国学班的家长、孩子,慢慢接触经典、走近——走进中国传统文化。随着课程内容不断丰富,孩子们的定力也有提升,为人处事的习惯、礼仪也在逐渐修正;参与的人数从两三个孩子到七八个,再到后来二十几个……除了诵读的教室,微信群、QQ群也是我们经常交流的平台。孩子、家长、义工老师——我们中的每一个都在这里共同进步!

阅读经典让我开拓了不一样的人生,我从一个"陪读"成为一名义工。除了鞭策自己不断提升、自我修正,更让我深刻反观自身的缺点,尤其是作为一个小学老师和一个国学班的义工老师,我需要不断改进、提升自我,才能更好地引导家长、教育孩子。

在不断地阅读思考、实践反思中,我感受到传统文化净化着我的习性、洗涤着我的心灵——我,慢慢蜕变。要育人先育己! 我将继续我的经典阅读之旅,继续我的自教育,追寻先贤弘扬的"道"!

不求做名师
用心做明师
有明师志存高远
为教育理想奋斗不止

破茧成蝶，振翅起舞

施宇花

Once I was a caterpillar, sitting on a leaf.

But now I am a butterfly, flying high in the bright blue sky.

Once I was a little baby, crying in my bed.

But now I am big and tall, playing happily with my football.

这是五年级英语书上的一首诗歌，描述了毛毛虫破茧成蝶，小婴儿长成阳光自信大男孩的过程。每次读到它，我都会想我与课题研究的第一次亲密接触。

我刚踏上三尺讲台时，内心充满了梦想。我想点燃孩子们学英语的热情，我要带领他们在英语那片广阔的天空里自由飞翔。可学生们的表现却像笨重的毛毛虫一般只会缓慢前行，不免令我有点气馁。经过仔细观察，我发现大部分学生只习惯于背诵和默写单词、课文，完成较机械的练习，鲜有拓展阅读和训练。这种获取知识的方式使我的学生们"营养不足"，不汲取足够的养分，不经过蜕变的考验，毛毛虫又如何能变成翩翩飞舞的蝴蝶呢？

德国教育家第斯多惠在《教师规则》中说："我们认为教学的艺术，不在于传授本领，而是在于激励、唤醒、鼓舞。"可是我该如何激发学生学习英语的热情，如何帮助孩子们汲取足够的养分最终破茧成蝶呢？这时，恰逢学校鼓励一线教师申领课题，进行课题研究。正当我彷徨犹豫时,我的带教师傅鼓励我大胆实践,把问题转化为课题,将想法转化为行动。初次接触科研的我,非常迷茫。幸运的是,我得到了很多鼓励与支持。当时的冯副校长是科研高手,她手把手地教我选题、写开题报告。我校科研负责人周老师不断给我提出修改意见。很快,课题《小学英语教学中运用造句法提高学生语用能力的实践研究》诞生了! 我也变成了一只在教学研究领域里不断摸索前行的毛毛虫。

很快,英语造句练习按课题计划操作起来。每周,我从课文中挑出两到五个单词或词组,请学生造句,形式不限,自由发挥。然而,课题研究不会是一帆风顺的,学生能力的提高也不可能一蹴而就,因为蜕变是必经的过程。

一、从无话可说到只言片语

第一次交作业时,有一小部分学生没有完成。正当我要批评时,一学生一脸委屈地说:"老师,我不知道要写什么啊。"确实,有些学生基础薄弱,不免对造句望而生畏。看来,课题的实践研究不能操之过急,而要一步一步地落实指导。为了鼓励这部分学生,我建议他们先从模仿课文开始。例如,用"may、hungry"这两个单词造句时,通过联系课文,学生写出了"I'm hungry. May I have some food / some cakes / some fruit / ...?"这样的句子。有一个学生别出心裁,写了"May, I'm hungry.",赢得了同学们的一致好评。他们感受到了造句练习的魅力——句不在长,有创意则灵。为了写出更多更好的句子,学生们明白了只有认真学好课文,打好基础,才能有所创造。"毛毛虫"们开始主动汲取课内外的"养分",为变化成蛹做好准备。

二、从只言片语到畅所欲言

有了初步的成功体验,学生们创作的热情被激发出来了。有些学生不再满足于模仿课文,他们想用英语表达自己独特的想法,描述他们的生活。例如,用"be afraid of, be careful, remember to"这三个词组造句时,一学生写道:"I like eating ice cream. But my mum doesn't like it. She doesn't let me eat the ice cream. I'm afraid of my mum. So I must be careful. I should remember to hide my ice cream."这样的小短文充满童趣,让人忍俊不禁。虽然学生的能力有限,但他们愿意为了写好一份造句作业绞尽脑汁,询问老师、求助家长、上网搜索、勤查字典。虽然他们的作业中有很多语法错误,或者词不达意,但是他们仍然大胆尝试。"毛毛虫"们明白想要羽化成蝶,想要领略英语世界的美景,就必须不懈努力、不断尝试。

三、从畅所欲言到妙语连篇

学生们越来越喜欢造句练习了,从只写一句话变成两三句话,从一个小段落变成了一个语篇、一个精彩的小故事。有一天,我们学习了一首关于生命成长的诗歌,也就是本文开头的那首。我突发奇想地说:"孩子们,让我们模仿这首诗歌的格式创作一首自己的诗歌吧。"让我出乎意料的是,第一个提交诗歌的是一个英语成绩并不出色的小男生。他的诗歌既充满想象,又贴近生活,让人眼前一亮。

Once I was a tall tree, standing in the big forest.

But now I am a little chair, sitting in a small classroom.

Once I was a red apple on a tree, listening to the birds.

But now I am apple juice in a glass, waiting for someone to drink.

如果没有这样的练习,我不会发现这个内向的小男生原来这么有创意,而这个小男生也不会知道自己在英语学习方面如此有潜力!慢慢地,班上的学生们不再认为英语只是一门学科,他们发现英语是另一种能够表达他们思想的语言,和中文一样美。为了更好地激励学生们,我开设了一个名为"造句天地"的博客,记录他们的奇思妙想,供他们相互欣赏相互学习。

从只言片语到畅所欲言，又到妙语连篇，这个过程充满了艰辛与挑战。但我相信，学生们在不断努力和尝试后，终将羽化成蝶，在英语大花园里振翅起舞。

在做课题研究的那段日子里，我也更深刻地体会到教学的创造与快乐。正是有了前辈们的鼓励，我才有了破茧成蝶的勇气。我鼓励学生，也为自己打气，我们一起经历层层蜕变的考验，经历破茧时的艰辛和喜悦，在一次次痛苦的锤炼中，我们变得更强大、更自信。

蝴蝶之所以令人感动，是因为它经过几度变身，从丑陋的毛毛虫，最终蜕变成轻盈的蝴蝶，凝结成一身的美好。我愿学习蝴蝶，在课题研究中认真劳作，努力创造，耐心守候……

逆　袭

汤钧慧

"最大的敌人就是你自己。"真正理解这句话，是在我参加上海市中青年教师教学大奖赛的那一年。

那是我二十多年教学生涯中最难忘的一年，因成绩优异，我获得了参加全国教学赛选拔赛的资格。那是宝山区音乐学科第一次参加全国教学选拔赛，比赛采用借班教学的方式，参赛者都是获得省、市级教学赛一等奖的教师。

接到任务后，我深感责任重大，因为这回不是代表个人参赛，而是要通过我的课堂教学展示宝山区音乐教师队伍的最高水准。只许成功不许失败，我暗暗立下了军令状。

当时我区音乐学科还从未有过借班教学的先例，没有任何可借鉴的经验和方法，唯一能做的就是到不同的学校进行试教，以此积累借班教学的经验、锻炼教学机智、提升应对各种不同教学状况的能力。区音乐教研员曾开玩笑说我是第一个吃螃蟹的人。经过多次试教，我已逐渐掌握了一些相关的方法和技巧。

根据赛制，在正式比赛前可以进行一次模拟教学，教研员便安排我进行全区公开教学展示。可能是在之前的试教中感觉良好，当时的我自信心爆棚，觉得自己无所不能，认为只要凭借满腔热情和努力就可以完成任务。而正是那次展示课，以一次失败得令人难堪的教学经历，如一柄重锤将我的自信心击得粉碎。

展示课的内容是二年级音乐歌唱教学《在欢乐的节日里》。一开始的教学导入，学生与我配合得十分默契，共同创设了节日的欢乐气氛。在分组即兴表演时，出现了一些状况：大部分学生不会即兴表演，站在教室中面面相觑、手足无措，有几个在"群魔乱舞"，甚至还有大声争执的。面对学生的表现，我并没有慌乱，通过动作示范带动学生模仿表演，很快解决了课堂上的尴尬场面。这么多试教课可不是白上的！我心头涌起几分得意。

接下来进入歌曲新授环节。正当我踌躇满志地准备实施精心设计的教学步骤时，意想不到的事发生了。学生们刚听到歌曲前奏，还没容我示范演唱，就一下子脱口而出，大声演唱起歌词来。天啊！这首歌他们已经学过了！我一下子懵了……今天的主要内容就是新授歌曲，他们已经唱得这样出色，我还怎么教？我怎么会犯这样低级的错误？

学生们唱出的每个音符都像是对我无情的嘲笑："哈哈哈！这个在演戏的傻老师。"

"我们都会唱了，看你怎么办？"

空白……空白……我的脑海中一片空白……

我机械地弹着琴，克制着失控的情绪，努力让自己冷静下来。我立即省略新授环节，进入歌曲的处理环节。接下去的教学我一直处于梦游般恍惚的状态，不知怎样撑到下课的。铃声响起的时候还有一个教学环节没有完成，但我已无暇顾及教学的完整性，宣布下课草草收场。

课后，所有听课的老师都默不作声，教室里充满了凝重的气氛。我毫不掩饰自己的低落情绪，一言不发地垂头坐在一旁。

按教研程序，教学之后要进行教学设计说明。还有什么可说的呢？我不可能再阐述原先的设计了，脑中只有一个声音提醒自己：给现场所有人、更给自己一个解释。

　　我硬着头皮站起身，抬起头，一字一顿地说道："今天的结果是我完全没有设想到的，问题的根源是我盲目乐观，没有事先了解借班学生的学情。相信在选拔赛时一定不会出现这种状况。"短短几句话，我结束了自己的教学说明，后面的教研活动我一个字都没听进去，内心五味杂陈……

　　第二天，我向校长汇报了区级公开课的情况。面对失败，我不断地吐槽，表示没有办法参加两周后的比赛了，负能量吞噬着我身上的每一个细胞，否定、逃避的情绪彻底取代了之前的自信满满。校长听后只说了几句话："临阵退缩不是你的风格。你现在最大的敌人就是自己。只要你调整好心态，重拾信心，完全能做好。我相信你！"这一席话让我清醒了许多，情绪慢慢稳定下来，开始冷静分析失败的原委和下一步的举措。

　　教研员看到我当时的状态，也没有丝毫埋怨，默默地一直在我身边做我的引领者和同盟军，除了给我教学上的建议，更是不断地支持鼓励我。接下来的时间，针对借班教学容易出现的问题，她陪着我继续尝试……正因为有这样的良师益友，我逐渐走出了失败的阴霾，恢复了元气，重拾起自信。

　　全国音乐教学上海地区的选拔赛终于开始了。那天的课堂我表现得特别轻松，从现场的教学气氛、自我感觉和观摩老师的掌声中，我知道兑现了对自己的承诺。这节课达到了教研员的预期，并获得评委们的高度评价。我终于交上了一份满意的答卷。

　　比赛结束后我并没有如释重负的感觉，更多的是内心的平静。回想整个教学比赛的过程，最让我难忘的不是成功的喜悦，而是那次展示课失败的刻骨铭心。

　　从失败到成功，仿佛戏剧般的结局让我重新审视自我：遇到任何困境决不能怨天尤人。最大的敌人就是自己。应该从自身寻找问题根源，尽快摆脱失败阴影，用实力证明自己，这才是挥别逆境的最佳途径。

正确面对失败，勇敢直面失败，重拾自我，何尝不是一次逆袭和成长呢？

不求做名师
用心做明师
有明师志存高远
为教育理想奋斗不止

第二篇章
播撒希望的种子

　　教育是一项崇高的事业,其崇高在于教育者对每一个孩子的呵护和关爱。老师的手中握着无数希望的种子——老师的尊重,播下热爱生命的种子;老师的宽容,播下善待生活的种子;老师的期待,播下寻找真理的种子。师生点亮彼此的生命,写下共同成长的故事……

每天的太阳都是新的

周　彤

那天，我正在校门口护导。一个奶奶模样的大妈问我："老师，你是自然老师吗?"

"是啊。有什么事吗?"

"我孙子刚才跟我说：'我们自然老师戴上帽子很帅的。'你说他好玩吧!"

顺着她的目光，我看见了她孙子的身影。原来是他!

开学初第一次在课堂里见到他，多年的从教经验告诉我，这是一个小调皮。他个子不高，瘦瘦的，眼睛里透着光，好像屁股底下有弹簧，舌头后面有合页，一刻不停。

果然，在此后的课堂上，他没少添麻烦：不时插嘴，有时甚至会随意离开座位。对这个刚刚上一年级的小调皮，我很宽容。只要他的行为没有严重影响教学秩序，我顶多给他一个手势——或坐下或安静。但没过多久，他就故伎重演。当然，他也不总是捣乱，有时也会有一些精彩的发言。为此，他还得过不止一枚的"勤学章"。

一天，在课堂上，他又坐不住了，开始转过身去跟同学讲废话。"你要再这样，我就要取消你刚刚获得的'勤学章'了。"我轻声对他说。他稍稍安静了一会儿，但没过多久，终究没管住屁股下的弹簧，舌头后的合页。下课时，他没有得到他渴求的印章，他闪亮的眼睛黯淡了片刻。

但是,他很快就愉快地找别人玩儿去了。因为,这不是他第一次被老师批评。比这更严厉的批评,他都经历过。

第二天早上,我在校门口护导,正好跟他打了个照面。下意识的,我冲他挥挥手:"早!"他透亮的眼睛中露出一丝困惑,愣了一下,连忙冲我回礼,然后走进校门。

下午又有他们班的课。上课前,他来到我跟前:"老师,我很调皮的。早上你为什么还要跟我说'早'啊?"

"哦,你调皮是昨天的事了。今天早晨我见到你的时候,你可没有调皮啊!"我说。

当天的课上,要看一段教学片。他的座位离大屏幕太近,我将他临时换到了后面。教学片很精彩,孩子们看得很投入。他也是。

再后来,他依然被我不止一次地批评,不止一次地嘉奖,直至出现了文章开头的那一幕——我这个年近50,头发花白,总喜欢戴一顶棒球帽的胖大叔成了"帅哥"。

我们总说,每天的太阳都是新的。对于每一个孩子来说,每天都是一个新的开始。不管前一天如何的不堪,孩子们总是在新的一天重新起航。孩子们就是这样一天天长大。

对于我们这些做老师的来说,每天面对的也是一轮新生的太阳。对学生的表现,该表扬就表扬,该批评就批评,只要你出于真诚,只要你就事论事,无论是赞许还是批评,学生都能心悦诚服地接受。

每天的太阳都是新的!

呵护天使之心

杨文洁

吃完午饭,我照例来到班级。只见讲台前,几个孩子正围在一起说着什么,妍妍一看见我,连忙拿着一本书,迎了上来,轻轻地告诉我:"杨老师,不知是谁,在这本书里写这个?"她说"这个"的时候似乎特别不好意思。我一看,上面写着:小敏和小刘是大傻瓜,小敏喜欢小刘……我马上从她手里接过这本书,合上。

这件事太意外了。自从一年级成立班级图书角起,我自认为在这方面的教育一向很到位,同学们也确实做得很好。可现在为什么会发生这种事?

我支开了学生们,仔细地辨认着字迹,怎么,是妍妍的? 她可是我们班的中队委员,因为学习好、能干,深受老师的喜爱,在同学中也有一定的威信。难道是恶人先告状? 可这字迹分明就是她的。怎么办?

午休的时候,同学们像往常一样聚精会神地看着书,我却静不下心来,思考着……

午会课上,我照例表扬了中午看书投入的小朋友,接着指着图书角上那些崭新的图书,表扬同学们对书籍很爱护,把别人的书当成是自己的书! 随后,我拿出那本书,严肃地说:"今天,杨老师发现,不知是谁,在别人的书上乱涂乱画!"教室里顿时骚动起来,他们面面相觑,议论纷纷,随即把目光聚集在了我的身上,期待地看着我。我话锋一转:"尽管这种行为是不对的,但是老师相信,她一定是一时糊涂了,现在肯定很后悔。人在成长的道路上，难免会犯错，何况是小朋友呢！做了错事不要紧，改正了还是好孩子。如果能认识到错误，并勇于承认，更加难能可贵，这样的孩子，老师不仅不会批评她，而且还要替她保密。老师相信，这位同学一定会主动跟杨老师承认错误，我会耐心地等着她。"

第一节课结束了，没人来。第二节课的下课铃声又响起了，我起身想进教室，转念一想，孩子是要面子的，教室里人多，也许羞于面子……于是我又坐了回去，在办公室里静静地等着。

"笃笃笃"，敲门声响起。我回过头来，只见妍妍侧身跑了进来，还没说话，就流下了眼泪："杨老师，是我写的！"她说得轻极了，只有我能听见。她低着头，抽泣着，看着她羞愧得无地自容的样子，我连忙拿来餐巾纸，为她拭去眼角的泪花："老师相信，这是第一次，也是最后一次，对吗？"她重重地点着头。我摸着她的头，伸出一根小指头："来，老师替你保密。我们拉钩上吊，一百年，不许变！"她抬起头来，看着我，慢慢地，也伸出了小指头："一百年，不许变！""好，上课去吧！""杨老师，再见！"

第二天早上，做完室内操，我在班级里就这件事情跟同学们进行了交代，并不点名地表扬了妍妍，表扬她做了错事能勇于承认，是个勇敢的孩子，教育孩子们要向她学习。坐在位置上的妍妍，脸涨得红红的，看得出她又惭愧又激动。

风波似乎就这样平息了，可我心里却还是乱乱的。从她看似无意乱写的内容中，我不由自主地联想到，小敏和小刘曾不止一次地被选为小主持，作为同是班干部的她，一定很羡慕，也很嫉妒。每次考完试，哪怕是一次小练习，她总是特别在乎谁比她考得更好……这也许跟家庭教育有关系。

于是，我违背了先前的诺言，给她爸爸打了个电话。原来，她的爸爸妈妈对她的教育确实存在问题,他们非常在乎孩子的成绩,要求她事事争先,一定要当上大队长。"第一名、大队长!"这就是她爸爸妈妈一直对她灌输的理念。通过沟通,家长也认识到了家庭教育中存在的问题,非常感谢我及时跟他们联系,并表示一定会改变教育方法。最后,我一再强调,这件事要对孩子保密,要在悄无声息中做出改变。

随着时间流逝,我注意到妍妍身上发生的点滴变化:不再计较谁比她多考了那一两分,与其他优秀学生的关系也正在逐渐融洽……

每一个孩子都如天使一般可爱。可天使也会犯错。但即便是犯错的天使也有一颗敏感的心,他们需要理解、呵护,还需要宽容。作为班主任,当孩子犯错误的时候,冷静下来,站在他们的立场上考虑,小心地呵护天使之心,也许会有意想不到的结果。

不求做名师
用心做明师
有明师崇德尚礼
用爱浇灌学生心田

"我一定要参加合唱队"

何　薇

我校有一个堪称"梦之队"的社团——合唱队。它不仅在各级各类合唱比赛中夺得桂冠，而且曾作为上海市唯一的小学合唱队参加上海市合唱论坛，并登上上海东方艺术中心的舞台。

去年 5 月，在宝山区学生艺术节合唱专场比赛中我们又一次获得了第一名。不久，校长室就接到了让我校代表宝山区参加 10 月份上海市学生艺术节合唱比赛的通知。接到任务，我喜忧参半，随着毕业季的来临，占合唱队主体的五年级学生即将离开母校。10 月份的比赛怎么办？我立即着手从四年级学生中招生，争取能选拔出一批好苗子集训参赛。

选拔新合唱队队员的工作有序开展。很快，我就挑选出 14 名音准较好的同学，通知他们参加第一批集训。

第二天下午上完课后，我正走向办公室，楼梯口一个妈妈模样的陌生人迎上前来："请问你是何老师吗？我是四年级二班小张同学的家长。"说完后，眼圈红了。我当时心里一紧，发生了什么事？我马上停下脚步："家长，别着急，有什么事慢慢说。"接下来她向我讲述了这样一件事：孩子这几天患肺炎，高烧不退，现在还在医院挂盐水。孩子很喜欢上音乐课，对学校合唱队一直非常向往，听说合唱队已经完成招生，她着急地哭了好几次。"我一定要参加合唱队！"孩子这样说。

我马上对家长说："合唱队的招生要经过考核，需要同学有较好的音准能力和良好的音色条件。"家长接过话:"老师,请放心,我们是学钢琴的,已经通过了六级,音准不存在问题。"

两周后,合唱队里来了一位新成员,作为试训的新学员。"老师,我一定要参加合唱队。"她对我说。我仔细地端详着她,我对她是有一点印象的,平时非常乖巧、文静,但之前我没有过多地关注过她。她这样强烈地要求参加合唱队,是一时的心血来潮还是发自心底的热爱? 能够排除各种困难,坚持参加排练吗? 带着各种疑问,我开始关注她的表现。

训练课上,我总能发现一双渴望求知的目光,时时追随着我,对我的每一个要求,她总是努力地去尝试、去实践。如口型,我要求的是"眉开眼笑",口腔打开,达到耳朵部位的凹处能够摸到一个小洞位置。其他学生都是难得去摸一下,毕竟一直保持这个状态是很累的。但是她却时时注意着,不时伸手去摸一下,检测自己是否达标。对每一次的多声部练习,她总表现出极大的热情:张大眼睛歪着头,侧耳倾听其他声部的歌声,然后再配合自己的声部,感到和谐时她会对着我露出高兴的笑容。如果没有达到要求,她会恨恨地跺跺脚。每次排练,她总是第一个到,偶尔因故暂停一次,她事后总会来问:"老师,什么时候补啊?"

暑假到了,天气非常的炎热,我要求孩子们每天早上到校排练,特地安排成夏令营的模式:排练、休息、午餐、电脑游戏、排练。这些活动深深吸引着他们,没有人迟到,甚至有的放弃走亲戚、度假的机会……她和别的孩子一样,享受着每一次排练的快乐。这时,她已是合唱队正式的学员了。一直到 9 月,我带着这一支短期集训的队伍参加了上海市的合唱比赛。

比赛结束后,孩子们叽叽喳喳地表达着自己兴奋的心情。"老师,在合唱队的每一天,我都很开心。所以,从一开始我就想好了。我一定要参加合唱队。"她这样对我说。

听她这样说,我由衷地笑了。比赛只是合唱训练的一部分,学校组建合唱队是为了更大程度地通过合唱训练来教育我们的学生,净化学生的心灵,让学生通过歌唱去体验真善美。许多发达国家和地区,把学校合唱活动当成培养学生高尚情操的一种手段。列宁的夫人,苏联团中央书记克鲁普斯卡娅曾这样说过:"合唱是任何教育工作都不可以替代的重要形式。"只有让学生真正爱上合唱,才会不计较时间、个人得失,认真来参加每一次的训练,让学生在合唱训练中学有所思、学有所得,在合唱中培养学生的团队精神,培养学生之间相互合作,相互信任的意识。

想到这里,我拉着她的手对她说:"你是我见过的最好的合唱队员。"

恒恒减脂记

李　锋

"李老师,恒恒哭了。"

那是初夏的一个周六,每周的空模训练又开始了,我像往常一样根据孩子们的操作熟练程度进行分组,安排好训练任务,让他们按要求进行分组训练。老队员们立刻投入自主训练,为即将举行的全国比赛选拔做准备,我开始对新队员进行指导。

就是在这种情况下,老队员小涵跑了过来,告诉我恒恒出了状况。

怎么回事? 恒恒平时不仅训练积极,还是空模组里的技术能手呢! 难道是和其他同学闹矛盾了? 我心中充满了疑惑,立刻跑了过去,把默默抽泣的恒恒叫到身边,关切地问道:"怎么了? 和同学闹矛盾了?"

恒恒沉默不语,圆圆的脸上挂着泪珠,摇了摇头。

"那你为什么哭呢? 能和李老师说说吗?"

恒恒支支吾吾地告诉了我原因:原来他看到那些技术比他差的同学,飞翼飞行的圈数都比他多,而他自己因为跑不动,成绩落后很多,是在和自己怄气呢!

听了恒恒的话,我笑着说:"你知道你现在最大的问题是什么吗?"

恒恒抹去眼泪,想了想:"技术上我没有问题,我就是跑不动。"

"是的,你最大的问题是太胖了! 同样跑一圈,消耗的体能比别人多一倍,你当然跑不动了。那你准备如何解决呢?"

恒恒抬起头,坚定地回答道:"我要减肥。我一定要通过选拔赛,参加全国比赛。"

"好，暑假快到了，我们先定一个目标，每天坚持锻炼，争取减肥5公斤，你能做到吗？"

"我能行，我要参加全国赛！"

恒恒毕竟是孩子，他的减重跟成年人的减肥不一样。那天训练结束后，我和他一起制定了一份特殊的计划：调整饮食结构、减少晚餐热量摄入、每天进行有氧训练——低强度、长时间、高频率。

针对恒恒体重比较大这一情况，我建议他从每天坚持20分钟快走做起。当天，我就陪着他在大操场上走了8圈。打那以后，每天放学，我就陪他走走。放假前，恒恒已经将快走转为了慢跑……

时间飞逝，暑假结束了。开学第一天，恒恒兴奋地跑到我办公室。看到他，我不由得一愣，他真的比之前清瘦了不少！他骄傲地大声对我说："李老师，我的第一个目标达成了！这个暑假我成功减肥12公斤！现在我的飞机模型两分钟内能飞10圈了。"

"太好了！恭喜你！接下来我们要集训，向全国赛冲刺了，加油！"

"我一定行的，看我的！"

在随后的训练中，恒恒更加努力、更加自信，如愿以偿成功地通过了全国赛的上海市选拔。

在2017年11月广州举行的全国纸飞机嘉年华通讯赛总决赛中，恒恒奋力拼搏，斩获飞翼冲浪(特技)项目第一名、飞翼冲浪(计时)项目第五名的好成绩。

每个孩子都是一粒沉睡的种子，拥有我们想象不到的无穷潜力。适时地给予孩子言语上的激励和行动上的帮助，会给他们带来勇气，激发出他们无限的潜能。作为教师，我们要以一颗平常心、爱子心，想学生所想，急学生所急，引导、帮助他们了解和掌握知识、技能，让学生从心底里觉得你确实是一个值得信赖的良师益友,一个值得依靠的长辈,一个引导他们走向成才之路的引路人。

　　指导恒恒减脂,助推他参加全国比赛,我引领着恒恒实现了他的一个梦想。为孩子们的梦想插上一对有力的翅膀,是每一个教师义不容辞的责任。

不求做名师
用心做明师
有明师崇德尚礼
用爱浇灌学生心田

把"小石头"焐热

施春娟

"小石头"自一年级入学以来一直是全校的"知名人士"。之所以这样称呼他,不仅因为他姓石,更因为这个情绪极其不稳定的孩子每次发作起来执拗得像石头一样坚硬。虽与他无任何交集,但总能无意间听到老师们谈论他的暴躁、易怒以及面对他时的束手无策。

小石三年级时,英语张老师病假了,由我来代课。初见"小石头",完全出乎我的意料。他是那么一个清秀的男孩,白里泛红的小脸,一双乌黑明亮的眼睛。他对我微微一笑,是那么天真可爱,与同龄孩子一般无二。或许是出于好奇,抑或是彼此还不熟悉,任教"小石头"班级的前两周,一切都安然无恙。课堂上"小石头"思想集中、听讲认真,还总能看到他高高举起的小手。课后的作业和练习,他都能高质量地完成,并且字迹娟秀。我一度开始怀疑:关于"小石头"的传言是假的!

直到有一天,这样的宁静被打破了——

那天我如往常一样走进教室,做着上课前的准备。两分钟预备铃一响,我组织学生坐定下来,一起演唱英语歌曲。我忽然发现一个座位空着,这才意识到"小石头"还不在教室里。我扭头一看,只见他独自一人在走廊里徘徊,一只手在走廊的栏杆上来回滑动,嘴里念念有词。我知道他容易暴躁,所以跟他说话时,我一般都会用温柔的、商量的语气。我走到走廊里,轻声地说:"小石头,快过来,要上英语课了。"说了一遍,他不应我。我想走近一点劝他,没想到,他"哧溜"一下竟然从我的手边飞也似地跑了,嘴里还嚷着:"我不要上课!"我连忙追到楼梯口,却不见他踪影。

学校很大,楼梯有好几个拐角,我无从判断他从哪个方向逃跑了。此时,班级里还有四十三个学生等着我上课呢!但是"小石头"的去向也令我忧心忡忡。百般无奈下,我拨打了班主任的电话,请她务必帮我找回"小石头"。这节英语课,我就是在忐忑不安中挨过去的,"小石头"始终没有回教室上课。

下课后,我看到"小石头"和班主任在门房间那里"僵持"。原来从我手中逃脱后,"小石头"走遍了校园的每个角落,班主任张老师苦苦寻找,终于在学校底楼的阶梯教室里找到了他。但是他一点也不听劝,就是不愿回来上课。他不回来的原因不是不喜欢英语课,而是觉得课间没玩够,还想继续玩。张老师一路追,他一路逃,最后在校门口僵持。看他激烈的态度,我想试着和他聊聊。

为了缓和他的情绪,我打算和他边逛边聊:"校园很美吧? 你陪施老师散散步吧。"

我一说完,他马上努力地点头。于是,我带着他来到了学校的小花园。"老师没想到学校的秋色这么迷人呢,还好有你带我看。"

此时,他脸上露出了一丝得意的微笑。我带着他从小花园走到操场,从操场走到教学楼,一路走一路聊学校里的各种景致以及他和同学间的趣事。渐渐地,他的情绪趋于平和。我抓住时机说:"小石,你知道为什么学校那么美,可是老师没有好好欣赏过吗?"

他笑着看着我,摇了摇头。

"因为老师有责任啊,老师到学校里来就是要教小朋友的。而小朋友到学校里来首先是要来学习的。施老师上完了课,才能来校园里逛逛。小石,你也应该上完课,有空的时候才来领略学校的美丽,你说是吗?"

他若有所思地点点头。就这样,那天我们聊了很多,我给他讲了很多道理,也用古今中外名人的事迹来诠释守规则的重要性。同时,我们还约定今后彼此要把心中想法表达出来,不能随便发火,更不能一走了之。

经过这件事,我对"小石头"有了更全面的了解——他是个好胜、敏感又缺乏耐心的孩子。他很有思想,却不会表达,往往用暴躁的行为宣泄情绪上的焦虑。随后的日子里,我特别留意他,他上课走神了,我轻轻走到他身边,轻叩桌面提醒他;他没有及时订正英语作业时,我就放学后单独为他补习;有空时,我还会找他在校园里散步聊天,谈谈学校里的趣事。渐渐地,他越来越接受我,依赖我。而我,也越来越感受到他的天真和热情……

教育是心灵的艺术。教师只有与学生架起沟通的心灵之桥,才能让学生感受到浓浓的师爱。面对小石这样的学生,硬碰硬是解决不了问题的。缓一缓、等一等、想一想,用师爱去温暖他。

我深信"小石头"一定会被焐热的。

看到你的光芒

沈　昱

　　真愁人,学校马上要参加一个区级的情景剧比赛。剧本早已创作就绪,各个角色也都确定了演员,但剧中戏份最重,同时也是最出彩的"爸爸"一角,却迟迟找不到合适的人选,真是万事俱备,只欠东风。

　　这天放学,我照例留下了班级里的订正老大难——小万,一边等着他把订正作业补好,一边又在心里琢磨着情景剧主角的人选。等我回过神来,发现小万的奶奶也来了,坐在他旁边,时不时地数落他几句。小万也不恼,嘻嘻哈哈地用上海话和奶奶发发嗲,毫无诚意地第 N 次保证着下次改正。看到他白白胖胖充满喜感的脸,看着他应付奶奶时那副嬉皮笑脸的样子,我突然发现,这不正是剧中的"爸爸"最合适的人选吗? 但是,这么个拖拉磨蹭的孩子,哪里挤得出时间来排练呢?

　　犹豫了一晚上,我还是把选择权交给了小万自己。第二天,我告诉小万,学校要排一个情景剧参加区级比赛,剧中有一个重要角色,需要用上海话表演,是剧中的喜剧担当,我觉得挺适合他,很想请他来扮演这个角色。小万听罢顿时喜形于色,连声说:"谢谢沈老师! 谢谢沈老师!"看他这么激动,我倒是有些意外,赶紧说出了我的担忧:"不过,每天放学都要留下来排练一个小时,我担心……"话没说完,小万居然很成熟地来了句:"我懂的呀! 沈老师,你放心,我保证抓紧。谢谢沈老师给我这个机会,我肯定会珍惜的!"于是,这件事就这么愉快地决定了。

　　这天放学时,小万特地离开队伍跑到我面前,用上海话说:"沈老师,再会哦!"我想,这大约是在提醒我,别忘了答应给他的那个角色。

过了一个双休日,排练正式开始了。第一次排练,小万同学就给我一个惊喜,他居然是八个小演员中台词背得最熟的,不仅记住了自己的台词,连别人的台词也记了个八九不离十,什么时候该接什么词儿,他记得门儿清。要知道,以前的他,可是背个名言都要结巴半天的呀。真不知道短短一个双休日,他是怎么把满满几页台词都啃下来的。接下来的日子,从周一到周四,每天放学后排练一小时,小万同学从没有因为补作业缺席过一次。对于自己的承诺,他居然不折不扣地做到了。对别的孩子来说,这可能是易如反掌的事,但对于视放学留校补作业为家常便饭的小万,则可以说是奇迹了。

更让我惊喜的是,小万的学习并没有因为排练节目而退步,反而在不知不觉中有了起色。一天,在批改好默写本后,照例请学生把需要订正的本子发了下去。本子发完没一会儿,小万就颠颠儿地凑了过来:"沈老师啊,我的本子怎么没发到?""哦,是吗?"我赶紧在全对的本子里翻了翻,"哟,恭喜你啊,今天全对。"小万顿时蹦了起来,几乎蹦到了他胖胖的身子所能达到的最高点。"嘿,低调点好哦!"我揶揄道。小万却丝毫没有被我"打击"到,继续"肆无忌惮"地欢乐着,还不忘跟我解释一下:"沈老师,你知道的呀,我要得个满分不容易的呀!"

一个月的排练结束了,情景剧被拍成视频送到区里参加比赛,我又请信息老师把视频刻成光盘,赠送给每个参加表演的孩子留作纪念。小万拿到光盘,又是格外激动,对着我一再深深地鞠躬,要不是圆滚滚的肚子限制了他,真的是要鞠到头碰地板了。

其实,请小万担任小演员时,我并没有想太多,只是觉得他的条件挺适合这个角色,不演可惜了。但此时此刻,却真的想了很多。在我以往的工作中,是不是过于强调"学有余力"这个先决条件,因此常常把更多的机会给那些学习成绩优秀的孩子,却忽视了像小万一样,成绩不那么优秀,甚至有些落后的孩子呢? 也许他们已经习惯了坐在台下,习惯了仰视别人的光芒。然而,在他们心中的某个角落,或许还藏着一丝希冀,渴望着自己也能获得一个小小的舞台,渴望着自己也会有发光发热的那个瞬间。无意之举,给了小万实现愿望的机会。那么,更多像小万一样还在渴望机会降临的孩子呢? 我该如何去帮助他们、引导他们,去散发出属于自己的光芒?

苏霍姆林斯基曾说过:"世界上没有才能的人是没有的。问题在于教育者要去发现每一位学生的禀赋、兴趣、爱好和特长,为他们的表现和发展提供充分的条件和正确引导。"也许,当我们不再执着于把学习作为衡量学生的首要标准时,就会收获更大的惊喜。但愿我能让我的每个学生,都散发出属于自己的光芒。

老师，今天我和你共进午餐

葛根娣

在我的手机相册里存了很多学生活动和科学作品的照片，其间有一张我和学生共进午餐的合影，显得尤为温馨。

照片拍摄于 2017 年 6 月 20 日午餐时分。中午，教师餐厅里来了一位长相清秀、手持饭盒的女孩，她是四年级学生小蕾。在这前一天，我收到了一封鸡毛信，信中写道："葛老师，您好！我用童欣积点卡兑换了和老师共进午餐的奖励。请您接受我的邀请，明天中午我和你一起共进午餐，好吗？"

"小蕾，来，我们坐这儿！"看到她走进食堂，我马上面带微笑地招呼她。"谢谢葛老师！"小蕾轻轻地坐下，瞄了一眼四周，略显拘谨。

为缓解小蕾的紧张情绪，我调侃道："我的胃口可好了，你和我吃饭保你胃口大开哦！"

她扑哧一声笑了出来！"葛老师，昨天得到回复后，我好激动啊。"听到她这句甜甜的话语，看着她一双期盼的目光，我心里涌起了一股暖意。"这学期，我选了您的社团课；您送给我们的蚕宝宝都孵出来了，已经长这么大了……"我们面对面坐在一起，边吃边聊，从社团课聊到了校园生活，从校园生活聊到了课外兴趣爱好，又从她喜欢的羽毛球运动聊到了叱咤风云的超级丹，聊到了她的志向……短短半个小时过去了。这顿午餐小蕾吃得津津有味，与我谈话亲密无间，红扑扑的脸蛋上露出了甜美的笑容，我看到了她的朝气与活力，她的纯真与热情。这一刻，

76

教师的幸福感油然而生。这顿午餐真是不同寻常，它不仅会给小蕾的童年生活留下美好的回忆，也会印刻在我三十多年教书生涯的美好记忆中。

学校实施"童欣积点卡"激励评价方案，提出了"集童欣积点卡，做阳光好少年"的活动口号，使学生发展有方向，每天有进步，潜能和个性得到充分发展。围绕"蓬勃朝气、温文雅气、智慧灵气、浩然正气"四气育人目标，确立了"艺体章、自理章、礼仪章、阅读章、勤学章、思创章、诚信章、爱心章"八大章争章细则。教师全员参与评价。当学生在某方面取得进步时，老师会给学生颁发对应的奖章，积累了一定数量的章后，即可换取童欣积点卡。每月的最后一天，学生带着童欣积点卡，到大队部兑换自己喜欢的奖品。小蕾通过努力得到了三十张童欣积点卡，兑换了与老师共进午餐的奖励。

著名教育家第多斯惠有句名言："教育的本质不在于传授知识的过程，而在于唤醒、激励和鼓舞。"激励是学生健康快乐成长的催化剂，它可以调动学生的积极性和创造性，使他们产生一种自觉的发自内心的精神力量，从而达到自我教育。"最好每天都能换到积点卡！"童欣积点卡成了学生最想得到的礼物，它就像春风春雨滋润着学生心中的绿地，为他们搭起了一座通向进步的阶梯，促使他们健康地成长。

激励教育好比要想让汽车跑得又稳又快必须经常加油一样，成长中的少年儿童也需要不断地激励才能使他们在前进的道路上始终保持昂扬的精神状态，产生不竭的精神动力。激励教育是爱心融入、美感渗透、兴趣引导、鼓励创造的好方法。在学生成长的道路上我们要多多实施激励手段，让学生拥有更多的温暖和阳光，增强自信心，迸发出旺盛的学习和活动的热情，感受成功的快乐。这是教师义不容辞的责任！

都是教辅惹的祸

卫科珂

"丁零零……"一阵电话铃声把我从梦中惊醒,打开灯看看表,夜里十一点,谁这么晚了打电话呀,一定是发生了什么紧急事。

"喂?!"电话那头传来一个哭泣的声音,"卫老师,实在不好意思,这么晚了还打扰您。"

"是小健妈妈呀,您怎么了?"

"是我,我快被这孩子气死了。一个晚上好说歹说,就是不肯做作业,他爸爸揍了他一顿,现在两人气呼呼地大眼瞪小眼呢!老师,你看我们该怎么办呀?"我一颗悬着的心落了下来。"小健妈妈,时间很晚了,这样,你们赶快睡觉。明天我和小健聊聊,您方便的话下午来学校一次,行吗?"

放下电话,躺回被窝里,我却怎么也睡不着了。小健最近在校内也总是闷闷不乐的,上课打不起精神,但对于课堂练习,倒也没见他排斥。在我的印象中,小健不是一个执拗的孩子啊!

第二天,我与小健的沟通完全成了孩子委屈的控诉。原来,开学初,妈妈去书店买了十本教辅材料,三本语文三本数学四本英语。每天放学一进家门,妈妈就把他推进房间:"儿子,快,晚饭前咱们先把学校作业做完。"马不停蹄地做完老师布置的作业,匆匆扒几口饭,等待他的就是一堆教辅材料。"老师,你知道吗,我好累啊,这作业永远也做不完。我想明白了,所以索性慢慢做,反正到了时间他们总得让我睡觉。"

作业,让这孩子承受了不该承受之重,听了他的叙述,我有种窒息的感觉。可能,身边像小健这样有相同经历的同学不在少数。

下午,小健母亲如约来到学校。心中的愤愤和委屈尚未消,一见面就急着向我诉说:"卫老师,你说这孩子怎么那么不懂事呢? 都五年级了,前面学习表现一直平平,我心里急啊,买了练习册,想让他加把劲,争取考个好学校。我和他爸也不容易,一半工资给了他,报了好几个补习班。我们取消了所有的业余生活陪着他,没想到,这孩子还不听话……"说到动情处,妈妈忍不住掉下了眼泪,"老师啊,当初为了进一中心,我们倾囊买了学区房,就想着不能让孩子输在起跑线上,要进最好的小学、最好的初中! 他现在这状态,太让我们伤心了!"

家长在孩子教育问题上承载着巨大的压力。从孩子一出生,在哪儿上学就成为压在家长心头的一座大山,换工作、买学区房,为了孩子上学操碎了心。家长的焦虑时刻传递、施加给孩子,这样的教育会快乐、会成功吗?

"小健妈妈,你听我说,小健不是不听话,而是目前的状态让他感觉很痛苦。凡事都有个限度,如果让孩子陷入这样的作业、题海中,课上、课余时间几乎全部被占满,双休日还要疲于参加课外辅导班,超负荷、高强度的学习会影响孩子的身心健康……"

小健妈妈慢慢冷静下来,在换位思考中理解小健的心境。一番分析让她打开了心结。我建议妈妈和小健坐下来好好商量,一起做个适切的学习规划。

换个心态,迎来柳暗花明。和家长达成一致意见后,小健走出了作业的困惑,学习的主动性强了,课堂上听课认真了,作业质量也高了。我不时把孩子在校表现告诉家长,减轻家长的焦虑。小健同学真的进步了,小健妈妈也露出了久违的笑容!

　　孩提时光该是幸福和快乐的。都说如今的孩子"掉进了蜜缸里"，但是，说实话，要说"幸福指数"，相比父辈，他们并不一定高。尽管他们在物质享受上比父辈强多了，但精神世界相对贫乏，心理压力较大，部分孩子直言过得一点也不快乐。

　　孩子们享有身心健康、自由发展的权利，同样也享有休息、娱乐的权利，变本加厉地给孩子们加压——名目繁多的"小五班""实验班"和"重点班"，五花八门的教辅资料，铺天盖地的课外作业，没完没了的题海战术，这一切往往适得其反，会压得孩子们喘不过气来，让可爱的孩子一个个变得沉默寡言、神情木讷，成为抬头听课、埋头做题的学习机器，也成为缺乏想象力、创造力的孩子，让童年留下了沉重苦涩的记忆。

　　在学习压力日趋繁重、孩子们个性普遍要强的今天，学校和家长都应当注意及时转变自己教育和管理的方式、方法，充分尊重孩子们的人格、隐私、休息、娱乐等方面的权利，避免再施教育暴力，去扼杀孩子们的幸福和快乐。

孩子，你能行

张 凤

周五下午的第一节课是班队课，我踏着铃声走进教室，发现今天这群一年级的小不点儿坐得特别端正。这群小机灵鬼，不知从哪里探听到了今天要宣布小干部的消息。我正暗自好笑，却发现只有她——小徐，还是像往常一样，呆呆地坐在座位上，脸上一片茫然，她的课桌和前后左右的课桌都空开着，像身处一座孤岛。

这个小女生眼神有点呆滞，任凭谁唤她，都没有什么反应，直到老师走过去或同学推推她，她才有所回应。如果你走上前，她就本能地往后退，眼神中满是戒备，如同一只小刺猬，把自己包裹得严严实实的。在一群活泼的孩子中，她显得那么格格不入。

一年级的孩子为什么会这样？在她奶奶的哭诉中我找到了答案。这是一个可怜的女孩，在她几个月大的时候，父母就离异了，妈妈离开了她，她是奶奶一手带大的。奶奶对她倾注了所有的爱，什么事都大包大揽，孩子却什么都不会：喝水不会打开壶盖，书包不会整理，书包里的作业本总也找不到，清点回执时缺的总有她……

如何才能让这孩子对同学、老师消除戒备，尽快地融入集体中来，我一直在苦苦寻找着时机。

少先队的建队日到了，孩子们高高兴兴地戴上了绿领巾，期待改选小干部。当选小干部是每个孩子梦寐以求的，这或许是一个教育的契机。宣布完小干部名单后，我环视了一下教室，最后把目光落到她的小脸上。我郑重其事地宣布:"我请小徐担任我的语文课代表……"

一石激起千层浪,顿时教室内炸开了锅:"她不行的!""她成绩不好的!""她什么都不会做!"……

我抬手示意小朋友安静,走到小徐面前,拉着她的小手走上讲台,我能感知到她的那份诧异。我大声对学生说:"同学们,给小徐同学一次锻炼的机会,我们相信她一定能把这份工作做好的!"说完,我看了看小徐,她那双澄澈的眼睛里居然有亮光在闪烁。

自从宣布小徐担任我的课代表之后,每次下课,我都唤她到身边让她帮我拿些东西。从开始的叫上好几遍才过来,到后面的一个眼神,她就来了,我知道孩子正慢慢向我打开心扉。当她帮我送好本子,我总不忘拍拍她的小肩膀夸奖道:"你真能干!"她的小脸上便会露出难得的笑容。

尽管这孩子的反应比其他同学慢,但每堂课我总会找机会让她站起来发言,每次请她发言,我总会说:"今天我们课代表还没有发言呢,请她来说说吧!"她总会在羞涩中带着一份自豪站起回答,不再游离于课堂之外,也不再手足无措。渐渐的,我发现她偶尔也能和其他小朋友在一起说说笑笑,小课桌上也不再堆满作业本,有几次还主动上来交回执呢!

这样的孩子或许是班内的一只小蜗牛,不管她如何努力,始终不能超越他人。但是只要今天的她比昨天有了进步,为人师的我们就要不断鼓励,因为每个孩子的内心都渴望得到鼓励与肯定,那些天资平平甚至处于群体的弱势者也不例外。"孩子,你能行的!"让我们把这句话送给更多成长中的孩子吧!

迟到的"对不起"

朱学梅

"朱老师，我想对您说，对不起，那天……最后，我还要对您说：谢谢您，您辛苦了！"这是小言的作文《老师，我想对您说》，字里行间表达着诚恳的歉意和深切的谢意，虽说来得迟了一点儿，但它却是一声难得的道歉。读着读着，我的眼睛湿润了，一幕幕往事又在眼前浮现……

"朱老师，体育老师请你去一下，小言又在大哭大叫，不肯去操场上体育课！"体育委员气喘吁吁地跑进办公室搬救兵。

"朱老师，小言又没交作业，又说是忘带本子了。"小组长无奈地抱怨。

"朱老师，小言踢了同桌的肚子！"同学气愤地告状。

"朱老师，这个孩子怎么这样！作业不交，说了她两句，就号啕大哭，怎么都劝不住，还坐在地上撒起泼来！"任课老师苦着脸求助道……

发生在小言身上的种种状况，让我疲于应对。而对于小言来说，上述情况实属稀松平常。更有甚者，有一次，为了阻止英语老师就其未完成作业一事与家长联系，小言居然学"还珠格格——小燕子"的样儿，从老师手中一把抢过写有家长联系电话的纸条，揉成一团塞进嘴里，吞下了肚子；还有一次英语测验，下课后小言未做完的试卷被老师收了，不甘的小言就在随后的数学课上用竖笛不断敲击课桌以发泄不满，使得大家无法正常上课。我只能上前去试图阻止，不料她竟然张口咬住我的手臂。我怔住了，不知所措地看着那张涨红的小脸、那双圆睁的怒目。教室里的空气顿时如凝结了一般,任课老师觉得事态严重,马上找来了学校德育教导来协调处理此事。

看到这里,你一定在想,这个小言——一个小学五年级的小姑娘到底是怎么回事啊?

常言道:"一把钥匙开一把锁。"要打开小言这把锁,必须先找到直通她心灵的那把钥匙。原来,小言从小随外公、外婆在农村老家长大,对于外孙女,老人总是给予无限度的放任和娇纵。直至上小学时,父母才把她接到上海来读书。但由于母亲是医生,工作很忙,早出晚归,平时没有太多时间照管女儿,在纠正其不良习惯时,方法粗暴,非打即骂;父亲是个海军军官,常年在外,偶尔回家探亲也忙于与她维护亲子之情,对她宠爱有加,管教不够。跟随来沪照料她生活的外公、外婆则仍是延续一贯的宠溺。难怪,小言养成了骄横、任性、倔强的坏脾气,听不得一丝一毫的批评,经常和同学、老师发生冲突,对他人的规劝、教育有很强的抵触情绪。而且,现阶段的她可能正步入青春叛逆期,这个阶段的孩子独立意识正在形成,往往有较强的自尊心,渴望得到他人的认可、赏识。如果得不到这种心理满足,就会有强烈的受挫感,特别容易发牢骚、闹情绪,甚至用"非常"方式寻求关注,以执拗来对抗规劝和教育。

为了改变她,我反复与家长进行了沟通,争取在孩子的教育问题上达成共识,对症下药。我诚恳地与小言妈妈交流,希望她能改变教育的方式方法:要学会耐心说理,不要用打骂挫伤她的自尊心;对她的优点和进步要善于发现,及时给予肯定;要尊重她,信任她,用暖暖的亲情来缓解融化她的对立冷漠情绪。其次,我自己也调整了对小言的教育策略,避免直接批评,正面冲突,摒弃以往直接说"NO"的方式,遇到"急"事"慢"处理,火气上来时"冷"处理。对小言的不当或错误行为,我总是策略地采取迂回手段,用"一个严肃的凝视""敲敲她的课桌""在联系册上写一句话"等替代言语的批评,采取以柔克刚的教育方式,最大限度地保护她的自尊心。另外,我还努力挖掘发扬小言的闪光点。当她在课堂上声情并茂地朗读时,当她在劳动中积极主动帮助同学时,我都及时予以肯定、表扬,充分发挥这些正能量的引导作用。当她在班级摘星活动中表现突出时,根据班级的小干部"积分制",我马上安排她做组长,戴上"一条杠",每天收发着本子的她,脸上满是喜悦和满足。此时,我又趁热打铁,鼓励她好好工作,争取成为同学的榜样,看着她因欢喜而涨红的小脸,我满怀期待……

风雨过后见彩虹。我的坚持与努力,使小言发生了很大的转变。经过一段时间观察,我发现她在课堂表现方面取得了不小的进步,上课能主动举手发言,成绩也有了提高。可喜的是,她的逆反心理正在逐渐消除,和同学的紧张关系得到了缓解,和老师的冲突也在逐渐消失。现在,我更是惊喜地在作文中看到了小言发自肺腑的道歉。

爱可以创造奇迹。一位专家说过教育的本质在于用爱"唤醒"学生,也许这个过程是漫长的,但我会坚持下去。

教师的责任就是点亮学生心中的那盏灯,打开学生心中的那把锁。读到小言的作文的那一刻,是我这个教育工作者最为欣慰的时刻。我想,用我们的真心去关爱每一个学生,用我们的智慧去找寻适合每一个学生发展的好方法,用我们足够的耐心去静等每一朵花开,才是教育的本义和真谛。所谓"精诚所至,金石为开",不正是如此吗?

给你一个"抱抱"

周　丽

今年我教一年级,班里有个特殊的孩子——小周。瘦小的他长得白白净净,看上去挺乖的样子。但第一次的家访时,他的"活泼"着实惊到了我。将近两个小时,他不是跑就是跳,还不时拿出手机给我拍照。一找他聊天,他就逃走。外婆的一席话解开我的谜团,原来小周因父母工作繁忙,长期被寄托在外公外婆家。老人平时身体不佳,照顾他生活都有些力不从心,再加上孩子有先天的语言表达障碍,学习和行为上存在着许多的问题。

开学不久,小周的"毛病"一一暴露出来了:课上他经常开小差,有时还会站起来东张西望,高兴时还要大声嚷嚷几句;做作业时他心不在焉,要老师反复提醒才能勉强写一两个字。

一天,他又没能准时完成课堂作业。我很生气,决定放学以后把他留下来,做完作业再回家。不一会儿,值日生告诉我:"老师,老师,小周哭了。"我停下手头的批阅,抬头望去,只见他有些坐立不安,想理书包又不敢,眼泪悄无声息地不停往外流,嘴里还在不住地轻声嘟哝着,一副伤心委屈的样子。他哭了! 这让我有些意外,因为平时面对老师的批评,他总是一副木讷的表情。"这次他怎么哭了?"我纳闷极了,走到他跟前,想和他沟通一番。可是意想不到的事情发生了:他用手使劲拍打我,甚至用脚踢我,还斜着眼睛瞪我。我赶紧拉住他的手,刚想劝说,他却一下子抱住了我,嘴里不停地喊着:"抱抱,抱抱。"我一头雾水,但还是伸出双臂抱住他,并用手轻轻拍拍他的后背。就这样抱了片刻,我感觉他的情绪已经稳定了,轻轻对他说:"抱抱了就马上完成作业,好吗?"他轻轻"嗯"了一声。果然,他很快完成了剩下的几个汉字的书写。

"抱抱",是这个特殊的孩子,在面对新的环境时,寻求安慰和帮助的一种方式。作为教师,我庆幸我的"抱抱"让小周找到了安全感,我的"抱抱"让我和他的心贴得更近了。给他一个"抱抱",成为我俩之间一种特殊的沟通方式。

经过三个多月的引导,现在的小周已经不需要通过"抱抱",才会去做自己应该做的事情了。更多的时候,老师的一个眼神,一句提醒的话语,他就能做出反应了。因为小周已经能体会到,老师一个亲切的眼神、一句善意的提醒,也是一种"抱抱"。也许他还是无法做到和其他孩子一样,但他已经有了很大的进步了,这已经足够了。

每个孩子成长阶段都是不尽相同的,懵懂无知的时候需要教师悉心引导;渐渐长大些便要放手;等孩子完全独立了还需要鞭策鼓励。作为教师的我们只要用心对待每一个孩子,那么孩子在成长的同时,我们也会在其中找到越来越多的快乐!给孩子一个"抱抱",享受教育的过程也许就由此开始了……

心 中 的 阳 光

朱骏峰

> 要把学生培育成人，须着力点燃学生心灵的火花，而要点燃学生心灵的火花，教师必须是一个火把，必须心中充满了阳光。
>
> ——于漪

在我想来，教师心中的"阳光"，就是对学生深沉的爱。

这就要求我们尽可能善待每一个学生，要求我们以父母般的情怀，细心发现他们的个性特点，体察他们心灵的每一个变化，寻找契机，用爱心帮助他们走出心灵的泥潭，扬起生命的风帆。

我班的小焦同学是一个活泼可爱的小男孩，上课积极举手发言，与同学之间的关系也比较融洽，学习成绩属中等水平。一直以来，他都是我心目中的乖孩子。但是，事情还是出乎意料地发生了。

一个周一，小焦同学没来上课。我马上往他家里打电话，一直没人接。"是不是去看病了？"我猜想着。

第二天仍不见小焦来上学，我开始有些怀疑了：如果是生病了，他父母总得跟我请个假吧。果真，有同学反映，在上学路上看见小焦了，好像挺健康的样子。我连忙往他家打电话，终于有人接了，是他妈妈。我告诉她小焦已经一天半没来上学了。他妈妈大吃一惊，表示对此毫不知情，还以为孩子在学校读书呢。

下午，小焦终于出现在教室里。我悬着的心这才放下。他显出一副若无其事的样子。我把他请到办公室,想弄清事情的前因后果。他告诉我,从昨天到今天上午,他在家里补作业。可是他躲闪的眼神和支支吾吾的回答分明告诉我另有隐情。不行,我一定要帮助他认识到这次错误的严重性。他还这么小!最终,在我的再三询问下,他说出了真相——昨天早上,他背着书包出门,走到花园里,把书包藏在草丛中,随后进游戏机房待了一整天,玩儿了个昏天黑地。

我简直不敢相信这是真的,不敢相信这样的事情会发生在这么一个小男孩身上。除了诧异,更多的是愤怒,我真想大声地训斥他一顿。但很快我又平静下来了。为什么会这样?整整一天半逃学在外,连家长也不知情。我立即找来了小焦的妈妈,面对面地进行交流。

谈话中,我发现小焦妈妈是一位事业心很强的家长,她一天到晚只顾着工作,忽视了自己的孩子。如果她能抽空检查一下孩子的作业本,如果她能问一问孩子在学校的生活,一切不就明朗了吗?把教育孩子的责任都推给了学校、老师,这是社会上存在的普遍心理,我必须扭转这位家长的错误观念。坦诚交谈之后,家长意识到了事情的严重后果。我也与家长达成了协议,家长每天抽空检查一下孩子的作业,我也定期和家长联系、交流情况。

要想让孩子改正错误,必须让他有深刻的认识。但光靠我一个人苦口婆心,他未必听得进去。他既然生活在这个集体中,那么就让周围的人一起来帮助他吧!在征得他的同意之后,我在班里展开了讨论,让每个同学都来谈谈对这件事的看法。终于在集体的舆论下,他哭了,他知道自己错了,也采纳了同学们的提议,写一份保证书,并请全体同学来监督他、帮助他。

事情似乎就这样顺顺当当地结束了,但它给我带来了更多的思考:到底是什么原因促使他逃学的呢?我认为有以下几个因素:一是学生的厌学情绪,进入高年级以后学业压力的确大了不少,他把学习看作一种负担,想找个机会逃避一下;二是家长与孩子缺乏沟通,家长整天忙于工作,以为只要在物质生活上满足孩子的需要就可以了,忽视了孩子精神上的需求;三是社会大环境的影响,报纸上、电视上经常报道孩子离家出走及其他不良现象,虽然初衷是好的,却无形之中或多或少给在校学生带来了冲击,有的孩子就会突发奇想地效仿一回。

说实在话,我不知道小焦的保证书是否能真正起作用。我只觉得肩上的责任越来越重,现在的教育也越来越让人迷茫。但有一点,我是明确的,那就是让我心中的阳光更加灿烂,让我们一起帮助孩子构建纯净的心灵花园,使它不再受到污染!

不求做名师
用心做明师
有明师崇德尚礼
用爱浇灌学生心田

为了折翼的天使

费姗姗

新学年,我发现新接的班中有一名叫小薇的女生特别胆小,每次上课,她总是低着头,很少抬头看老师、看黑板,上课也从不举手发言。我请她回答问题,她声音小得像蚊子的嗡嗡声一样,根本就听不清她在说什么。课后,面对我一个人,她也是低着头,不敢高声语。都说现在的孩子活泼热情,叽叽喳喳话多得停不下来,怎么还会有这么沉闷的女孩呀? 难道小薇是自闭症,看起来也不像啊!

于是,我和小薇的母亲通了电话,得知小薇上幼儿园前夕,爸爸因为嫌弃她是个女孩,妈妈不愿再生小弟弟而抛弃了她们母子。妈妈一个人挑起家庭重担,因为要工作,就经常留小薇一个人在家,关照她千万不能和陌生人讲话、给陌生人开门。周末妈妈也很少带小薇外出游玩,所以小薇胆子特别小。再加上稍大后依稀知道了爸爸因为她离开了妈妈,母女俩现在生活比较艰苦,所以她既自责又自卑。

知道了小薇的情况后,从此,我就对小薇多了一份关爱。美术是感知世界的一种方式,表达自我的一种语言,小薇不愿意与他人交流,那我就让她通过画笔表达出对周围世界的认识、情感和思想。我买了油画棒、橡皮泥送给她,鼓励她亲手做一张贺卡送给亲爱的妈妈。"小薇最爱妈妈了,你送妈妈贺卡,她肯定会高兴的。如果绘画有困难,欢迎你随时来找我。"第二天,小薇害羞地跑到我的面前,把她亲手制作的贺卡递到我的手上,神秘地说:"等会儿再看!"微笑着跑远了。当我打开那张她亲手绘制的贺卡时,一串大大小小的字映入我的眼帘:"费老师,妈妈收到我的贺卡很高兴。她说周六带我去公园玩。谢谢您! 这是我给你做的贺卡,希望你也喜欢!"虽然贺卡做得很粗糙,画得也不是很精美,却是我收到的最有温度的贺卡。

晚上,我也做了一张贺卡,画中的小薇笑容灿烂,美如天使。旁边写上我的祝福:送给天使小薇,祝你每天快快乐乐! 老师期待能经常和你一起绘画。

两天后的午间,我果然盼到了小薇,她羞怯地倚在门框上看着我。"小薇,快进来呀,老师一直在等你呢!"我走到门口,牵起了小薇的手。"你看,我准备了一本画册,就等你来作画了。""老师,我不行!""当然行! 你送给我的贺卡,我一看就觉得你有潜质。大胆画吧,有困难还有我呢!"

从涂鸦开始,在黑白两色间,稚嫩的笔画下,小薇的所见所闻、所思所想像模像样地跃然纸上。经过一段时间的辅导和鼓励,小薇体验到了自由畅想的喜悦,真心喜欢上了绘画,也慢慢消除了胆怯害怕的心理,和我的交流也越来越多。回翻"大作",我发现小薇不仅坐得住、爱学习,而且善观察、能想象,她还真有点绘画的天分,没想到我居然收获了一个宝。

小薇和我越来越亲密,但和同学的交流还是谨小慎微。我继续寻找着帮助她的契机。

"小薇,你的画册快画完了,老师为你的进步骄傲。愿不愿意和同学分享你的作品? 你可以挑选几幅满意的画做重点介绍。"

"我只会画,不会讲。"

"不怕,我和你一起准备,你先讲给我听,练习几遍就行了。"

美术课上,我把小薇请到了台上。怯生生的声音响起:"下面我为大家介绍一下我画的几幅画。这是妈妈带我去公园……"小薇的语言很流畅,声音渐渐大了起来,偶尔还能抬起头来看看下面的同学。介绍结束,同学们响起了热烈的掌声,把敬佩的目光投向了小薇。小薇抬起了低着的头,脸上露出了灿烂的笑容。我知道,我还需要趁热打铁。一个月后,我又宣布喜讯,小薇的作品获得了"真彩杯"学生绘画比赛二等奖。这一消息公布时,班上又一次响起了热烈的掌声,小薇脸上再一次露出了开心的笑容。

在不知不觉中,小薇悄悄地发生了改变,上课不再低着头,能大声回答老师的提问,也能参与组内讨论了。特别是每次绘画练习,她总是第一个完成,欢快地上台把作品贴在展示区。各科老师们也发现,小薇,那个始终低着头的小女孩,终于抬起头来了,自信的微笑挂上了脸庞。

教育的意义就是为每一个折翼的天使托起飞翔的翅膀,为每颗成长的心灵指引前行的方向,我愿执着地耕耘于此,寻觅教育的意义。

你们是我心内的一首歌

朱礼琴

你是我心内的一首歌，心间开起花一朵；你是我生命的一首歌，想念江成一条河。

—— 《你是我心内的一首歌》

有一种想念，不是对亲人，不是对恋人，而是老师对学生的。

2017 年 6 月，五(1)班、五(2)班的学生毕业了。作为他们的数学老师，我陪伴了他们五年时光，这五年中有太多难以忘怀的点点滴滴……

谁是你最喜欢的老师？

某天中午，轮到我在班里分饭。小俞同学来了。每次他来盛饭，都会见缝插针地和我聊上几句，果然今天又聊开了："朱老师，我告诉你个秘密。"

"什么秘密呀？"

他说："你猜猜我现在最喜欢上什么课？"

想着在我这个数学老师面前提这个问题，答案总归是最喜欢数学，还能是其他课不成？不过我还是笑眯眯地问道："什么课呢？"

"我以前最喜欢你的数学课，不过我现在最喜欢英语课了。"

看看他一脸的真诚，我追问道："为什么？"

他说："英语老师上课很精彩，我每天都很认真地听。现在英语越学越好,我也越来越喜欢英语老师了。"

"那我得去向英语老师多学习学习了。"我也真诚地说道。

过了几天,上完数学课,小盛同学拿了三个橙子走到我面前:"朱老师,这橙子很甜很甜,特别好吃,我特地从家里拿来给你吃的。"

我一看是三个,问道:"是不是给我们语数英老师一人一个?"

他说:"不是不是,这三个都给你。我最喜欢上你的数学课。先给你,明天我再给其他两个老师带。"

呵呵,"受伤"的虚荣心感到了些安慰。

哪个学生心中没有最喜欢的老师? 要想成为更受欢迎的老师,我得多多加油哦!

过 节 啦?

4月1日,跟往常一样,我早早地来到教室里准备批作业。我的课代表小尚愁眉苦脸地走到我面前,可怜兮兮地说道:"朱老师,我昨天的数学作业忘做了。"

我立刻回了一句:"怎么会忘了做作业?"皱起眉头还想唠叨几句,小姑娘立马笑了起来:"哈哈,朱老师,祝你愚人节快乐!"说罢就跳蹦跳蹦地走掉了,留下还没反应过来的我。因为觉得挺有趣我把这事发了"朋友圈"。她妈妈立马来道歉:"小姑娘咋能逗老师玩呢? 我回家就批评她。"

我说:"没事没事,这说明我们师生关系融洽嘛。"

那年11月底的一个周四早上,我走进教室,看到已来了一大半的学生,总觉得他们一个个与平时有些不同,似乎都看着我。只听小刘轻轻地说道:"预备——起!"教室里的学生齐刷刷地说道:"老师,感恩节快乐!"这才明白过来,哦,今天是感恩节啊! 还有学生用手指指黑板示意我转身去看,原来黑板上还写着几个大字:"老师,您辛苦了!"下面简单地画了些鲜花、气球。看到这些,我发自内心地笑了,他们也欢快地笑了。后来问班主任,这是她安排的吗?她说没有呀,她也感到很意外很惊喜,一下子感觉他们长大了很多!

贴心的小棉袄?

当我把长发剪成短发,第一天在走廊护导时,看着小崔走到我面前欲言又止的样子,估计她要议论一下我的发型,我就主动开口:"是不是觉得朱老师剪的发型不怎么好看?"她点点头,并补充道:"嗯,我觉得你简直在糟蹋自己!"哎呦喂,小姑娘,你的批评也太狠了。但是毕业前夕,也是她,悄悄地走到我的身边:"朱老师,我发现你多了很多白头发。教毕业班一定很辛苦吧!"听了这话,我心头一暖,突然觉得有个这样的女儿该多幸福啊!

这学期到附近的一所中学参加活动,课间碰到了正上完体育课准备回教室的小马同学,她立刻从队伍中飞奔过来,热情地抱住了我(以前可从来没有这样亲热过)。小姑娘说道:"朱老师,我真想你们啊!""老师也很想你们!"说完觉得我俩像在演言情剧,很是肉麻,可当下的心情真真切切就是如此。这么简简单单的一句话,我和她的眼眶里都湿润了。

一个甜甜的水果,一句真诚的话语,一个毫无恶意的玩笑,一次细致入微的关心,一种不经意间发现的成长……你,你,还有你,你们是我心内的一首歌,你们在我的回忆里是永远萦绕的美妙乐曲!

赛尔号引起的……

胡旭春

伴随着一阵悦耳的音乐铃声,我和孩子们迈着欢快的步伐来到了操场。"同学们,还有两周就是跳踢比赛了,这节体锻课我们练习跳绳。比赛会统计各班平均个数,大家好好努力哦,争取拿个团体奖!""Yes,Madan!"孩子们一阵风似的散开去,堆满笑容的脸上无法掩饰住那份激动的心情。

绳儿翻飞,好不热闹。有的两人一组,你跳我数;有的切磋技艺,怎样跳得更快。咦,东北角那几个男生齐刷刷地趴在地上干什么呢? 孩子们玩得忘乎所以,连我走近都没发觉。只见绿草坪上或躺或立着十来个颜色不一的塑料玩具。这几个其貌不扬的玩具竟让这帮学生"神魂颠倒",把跳绳任务置之脑后。我有些生气,大声地说:"多大的人了,还玩这么幼稚的东西,都交给我。"孩子们愣了一下,慢吞吞地爬起来,陆续伸出了手。眼神是那么复杂,有害怕的,有遗憾的,有不情愿的,更多的是恋恋不舍。交到我手上的玩具足足有两大把,我这才看清那都是些怪兽模型。

教师的直觉告诉我必须冷静。于是我平缓了语气,轻轻地问:"怎么玩呀?"孩子们见老师和气些了,神情也不再紧张,你一言我一语地向我介绍起来。哦,原来,这些怪兽叫赛尔号,只要用自己的赛尔号打倒对方,对方的赛尔号就归属于自己,谁手中的赛尔号多,谁就是强者。我索性一屁股坐在草坪上,继续和他们聊。"这些赛尔号都是从哪儿来的呀?""我在校门口的小店里买的";"这几个是我赢来的,还有这些是我买的";"老师,我有五个,都是他送给我的"……"这东西贵吗? 看来你们的零花钱还不少呢!"我继续刨根问底,引出了孩子买赛尔号零用钱的来源。有的同学用的是买学习用品剩下的零钱,有的不吃早餐省下费用购买,有的同学压岁钱随意支配,还有的同学说家中父母的零钱随处摆放,想拿就可拿……不知不觉一节课过去了。"来,赛尔号物归原主,咱们把这些精灵放家里收藏起来,好吗?"

事情过去了,然而我的内心无法平静。爱玩是孩子的天性,但是怎么玩却是一门大学问。老师和家长要加以指导,引导孩子玩出智慧、玩出健康、玩出灵性。

又是一节体锻课。

"这节课,老师先请你们看一段视频,好不好?"视频中的小选手猫着腰,双脚极速交替在绳间跳动,速度快到令人眩晕。"哇,太牛了!"惊艳声不绝于耳,同学们的眼睛瞪得好大,嘴巴能塞下一个鸡蛋。"这段视频的主人公就在我们身边——高境科创实验小学,他们和我们一样大,在国际跳绳大赛中以 30 秒单脚跳绳 129 个的成绩拿下了交互单脚跳绳项目的冠军,追平了吉尼斯世界纪录! 看了以后,你们觉得怎么样?"

"太酷了!""小学生追平了吉尼斯纪录,真了不起。""怎么会跳得那么快,数都数不过来?"我附和道:"是啊,平均一秒钟跳 8.6 个。""这是什么速度啊,老师,他们是怎么练的呀?"……"告诉大家一个好消息,这次跳踢比赛开幕式,学校邀请他们来现场表演。除了速度,花样跳绳更是一绝,期待吗? 到时你们还可以和冠军聊聊,一根绳子怎么玩出大智慧的。""老师,我想和他们拍张照片,可以吗?""哈哈哈……""同学们,学校正在征集百个快乐游戏,我和张老师商量了一下,下周班会课我们就来个大讨论,看看谁设计的游戏最有意义、最受欢迎。到时我们就率先推广,玩起来,乐起来。""耶!"

小学生处于成长期,活泼、好动、好斗、好胜是天性,他们对一些新颖事物会感到有兴趣,但又缺乏辨别能力和控制能力,分不清哪些行为是危险的,哪些不适合在这个场合做。这就需要老师和家长合作,对孩子进行教育,引导孩子们玩健康的游戏。

尊重学生,首先要会换位思考。如果体锻课上,我按自己的方式"酌情"处理了,可能会让学生不满。现在的孩子自我意识很强,也许表面上表示服从,但在你不知情的情况下他们还是会做你所禁止的事情。对于学生的管理,堵不如疏。所以,我选择做向导! 由赛尔号引发全班学生开展对健康有益的游戏的讨论、征集活动,把主动权给孩子,让他们以积极、愉悦的心态来学会思辨、选择,进而在游戏的推广中建立规则感,培养乐观心态、交往技巧、合作方法等,取得了事半功倍的教育效果。

我有一个好办法

李　旻

在一年级这批孩子当中，我最先认识的就是小胖。

小胖姓陶，是个大个子女孩，黑黑壮壮，五官其貌不扬，乍一看，并不那么显眼。然而，她在整个年级里却小有知名度。原因就是学前班那天，她在校门口大声哭闹，软硬不吃，任谁劝说就是不肯进班级。当时我正在校门口护导，站在她身旁无计可施，心想：不知这个小姑娘是哪个班级的？她的任课老师有的受了！开学第一天，小胖在妈妈的亲自"押解"下，出现在我的课堂。天哪！我居然就是那个"幸运儿"！

随后的日子，小胖让我着实领教了她的坏脾气——上课自由散漫、开小差，甚至随意走动。我走上前去轻声提醒，她一概置之不理；声音稍稍高些，她就报以无休止的哭闹。我该怎么办？

记得那是一次单元练习，在进行听力测试的时候，我又听到了那熟悉的哭声，原来是小胖不知何故把铅笔和试卷扔到地上，趴在桌上不住地抽泣。在我的一再抚慰下，她才重新开始答题。阅卷时，我发现她的听力错误极多，从第二大题以后几乎全军覆没。在第二天的课堂上，她拿到考卷，看着卷面上的批改符号，又一次号啕大哭。不少小朋友脸上现出不耐烦的神色，扭头瞪着她。我轻轻地走到她身边，用手抚摸着她的头发，对全班小朋友说："小陶同学对自己要求很高，看到自己退步了，心里不高兴。放学后老师会想办法帮助她，相信她一定会进步！"我这一说，其他小朋友纷纷转回身去。小胖大概没想到我会这么说，竟然止住了哭声,抬起头来看着我。

我看着她的眼睛,说:"哭,不解决任何问题。相信老师,我有办法帮你。"

她抹了抹眼泪,渐渐安静下来。

放学后,我把她单独叫到身边,问她做错题的原因。她憋红了脸,一声不吭。

"我有一个办法,可以帮助你学好英语。但是,如果你不跟我说话,这个办法就不灵了!"我说道。

"我、我、这一题没听到,后来……"小胖赶紧用手指着试卷,声音轻得不能再轻。

"哦,你别急,我教你一个做听力测试的小诀窍:拿到考卷先浏览一下试题;然后根据内容一道道答题。通常听力会读两遍,第一遍做题,第二遍校对。万一碰到没听清的题目,千万别着急,先做下一题,不要因为一道题的失误导致后面所有的内容都出错了。现在,老师再给你做一次听力,你试试这个诀窍,好吗?"我一直用鼓励的眼神注视着她。

小胖点了点头,听着录音开始答题。虽然也有几处错误,但是明显进步了不少。"怎么样? 我的办法是不是很有用呀!"

她看着我,露出了一丝微笑。

"其实,我好办法可多了! 再告诉你一个最大的诀窍,就是坚持每天回家大声跟磁带朗读单词和课文,然后你在微信里朗读给我听,只要一个月,成绩就会有进步。"看到她眼神越来越亮,我赶紧又跟了一句,"要是坚持一个学期,你一定会有很大的进步哦!"

从那以后,每天晚上小胖的英语朗读留言都会如约而至,我也总会及时给出评价。我和她的互动多了,慢慢开始了解她的另一面——她生长在离异家庭,母亲工作繁忙,从小和外公外婆生活,养成了刁蛮任性的坏脾气,又因为缺少父母的关爱,她总是缺乏安全感,遇事爱哭。于是,我尽可能和她多交流。上课,我常常用鼓励的眼神注视她,提醒她认真听讲;下课,我总是找机会和她攀谈,顺手替她梳理一下头发、整理一下着装;做练习的时候,我常常悄悄地走到她身边,轻轻抚摸着她的头,说上一两句鼓励的话语……

慢慢地,慢慢地,我们之间的交流越来越多,小胖不再哭闹,行为举止进步了! 孩子的世界真的很简单,老师的一个微笑、一个小动作、一个坚持,就有可能改变他们。作为老师,一定要多一点耐心,多一些关注,多一些方法,用心去发现,真诚地和他们交流,那惊喜一定会随之而来!

那一天,她怯生生地走到我身边,拽了拽我的衣角,说道:"老师,你的好办法真灵,我现在不怕做听力了,我喜欢上英语课!"

"小妹妹呀,祝贺你取得了进步! 老师期待你更大的进步哦!"我喜出望外地回应她,这可是她开学至今第一次主动和我说话呀! 望着她甜甜的笑脸,我突然发现,每一个孩子笑起来都是那么美!

那几分钟静默

杨培玉

这是一个很平常的下午。随着轻快的音乐铃声,品社课开始了。按原定计划,这节课孩子们将开展中队主题活动。和以往一样,活动由队干部主持。一切都是那么自然,那么顺理成章。

这样的活动,事先是不彩排的。所以,活动尾声出现了这样的状况:孩子们事先准备的内容都结束了,距离下课还剩几分钟,多出的一点儿时间小主持不知道该如何安排。教室里一下子安静下来。看着静默的孩子,我提议这几分钟由大家自由发挥,可以上台来任意表演最拿手的节目。谁也没有想到,孩子们竟然怯场了,没有一个人敢于在没有准备的情况下率先登台。

静默,只有静默。因为怕被点到名,连平日多嘴的皮大王也低下头保持静默。眼看着时间就这样白白地流逝了,我终于忍不住说:"这里又没有陌生人,怕什么呢?"回答我的依然还是静默。

我笑着直白地问道:"你们说说,自己这会儿缺少的是什么呢?"

孩子们倒是回答得很爽快:"勇气。"

我顺势接过话茬:"难道我们班这么多人,就没有一个孩子是有勇气的吗?何况只是在自己班级里,就像表演给自己家人看一样啊!"语气中不免带着激将之意。然而,还是一阵静默。就在我差不多失去继续等待的耐心时,坐在最后面一排的一个女孩站了起来。众人如释重负。

女孩的脸微微有些泛红,显然是鼓了半天劲,才勇敢地作出了这个决定。只见女孩大步走上了讲台,说话了——说话的声音也没有平时那么自然,不过,说着说着声音渐渐响亮,口齿也愈发清楚。孩子们静静地看着她,听她娓娓道来。很快故事结束了,女孩坐回了座位。

"我们是否都应该为她的这份勇气鼓一下掌呢?"我对着全班说。回过神来的孩子们马上报以热烈的掌声。随后,我转向了那个女孩,问道:"上台讲故事,是不是一件可怕的事情呢?"女孩大概没有想到会有此一问,略微停顿了片刻,笑着摇了摇头。

话音刚落,环顾四周,孩子们的情绪已悄然发生了微妙的变化,看得出有人已经跃跃欲试,那交叉着放在桌面上的手正犹犹豫豫地在举与不举之间纠结挣扎……就在这时候,下课的铃声响了。我笑了笑,说:"你们看,展示自己的机会就这样稍纵即逝了——只是因为缺少了几分勇气。今天就到这儿了。下课。"

事情就这样过去了。一直都不知道这件事有没有给孩子们留下什么印象,如果有,又会留下怎样的记忆和影响。几周后的一个中午,当又有展示机会的时候,率先登台的居然是班级中以往最怯懦胆小的一个小男生。这会儿他表现出的笃定自信,让尚未得到机会上台的学生们全然没有了上一次的拘谨。看着孩子们争先恐后地举起小手,我终于确信上回那近似空白的几分钟静默时间原来是有用的,真的没有白白过去。

如今,回头再看,或许这就是教育。在课堂上,师生、生生互动中总是不断地生成着教育教学问题。虽然我们无法预设所有的可能,但是只要留意做一个有心人,去寻觅创造适切的教育契机,给孩子锻炼的机会,为孩子搭建展现自我的舞台,那么,经历过的所有点滴都不会是空白的,由同伴影响、切身体验而获得的认同和内化,它的作用可能远胜于某些预先精心的设计说教。我们总是走在追求教育艺术,不断精进的道路上……

孩子，感谢你们给我信心

张　傲

还有一个礼拜就要上大组展示课了，这是我生平的第一堂公开课。紧张，自然是不言而喻。由于课件还有很多不理想的地方，我便利用学生自修的时间抓紧修改。

一下课，在好奇心的驱使下，好多小朋友跑上来，看看笔记本电脑再看看我："张老师，你在干嘛？是在玩游戏吗？"

我不禁笑了出来："张老师要上公开课了，在做准备工作呢。"

"什么是公开课呀？"小家伙们异口同声地问道。

"就是会有很多老师来听张老师上课啊。"我答道。

本以为他们会很迷茫或者很惊讶，没想到他们却争先恐后地说："张老师来我们班上公开课吧，好不好呀？"

孩子们的话让我惊讶极了。看在这份热情劲儿上，我心中暗暗决定，就在这个班上公开课了。

我离开教室时，一个小姑娘跑上来："张老师，我觉得你的课都很有趣啊，那些老师肯定也会喜欢你上课的！"

一阵暖流涌上心头，瞬间对自己、对这节课好像有了不少自信。

正式开课的前一天，我发现孩子们有些紧张了。于是，我故作轻松地说："那些老师都是来看张老师的表现的，你们跟平时一样好好表现，好不好？"

话音刚落，一个小朋友举手问道，"张老师，那你是不是很紧张啊？"

我笑了笑说，"有一点点哦。"

底下一阵躁动，七嘴八舌都在说："张老师，别紧张！"

"你肯定能行的。"

"我们肯定会好好表现的！"

我真被他们这种天真无邪的认真劲儿给逗笑了。他们的鼓励让我觉得明天似乎也没有那么可怕。

开课当天，看着教室后面一个个拿着听课笔记端坐的听课老师，我真的有种快窒息的感觉。快上课了，我去楼梯口接学生，借此透透气，缓解一下紧张的心情。看着这几十个一年级的小不点儿上楼时一点声音都没有，还一个个面目凝重，一副小大人的样子，我就知道他们也很紧张。我刚想安慰他们，领队的小男孩看着我，挤出笑容说："张老师，你可别紧张啊！"

我当时真是哭笑不得——这家伙自己都紧张成这样还来安慰我。当我带着这一群小家伙进入教室的那一刻，感觉一下子紧张全无，因为有了他们的陪伴！随着课堂教学的深入，伴随着小朋友们笔直的坐姿，灵动的眼神和高举的小手，我也渐入佳境。我的眼中只有这42个孩子，完全无暇顾及听课的老师。下课以后，一群小朋友跑过来，齐声说道，"张老师，你好棒啊！"

虽然这节公开课还有很多不足的地方，但学生们的这一句话却让我感受到了他们对我的支持和喜爱。

孩子们，感谢你们给我信心！你们的鼓励和喜爱，给了我不断改善教育教学的动力。我喜欢看到你们听课时闪烁着智慧光芒的大眼睛，我喜欢听到你们越来越自信的回答，我更喜欢期待在我的引领下你们对英语产生浓厚的兴趣。孩子们，我爱你们！

坐在最后一排的孩子

马 丽

　　不知何时起，坐在最后一排的小陈开始让我"头疼"起来。上课不专心，从不举手回答问题，请他回答时也时常一问三不知。有时上课会讲废话，做作业拖拉，每天最晚一个完成订正的总是他。自然，作业质量也开始每况愈下，考试成绩一落千丈。我和家长交流了几次，收效甚微。我一直百思不得其解，这孩子怎么了？难道到了叛逆期？

　　这一天午休时间，一阵响亮的"爆炸声"划破了教室的宁静。我和孩子们都被吓了一大跳。大家开始寻找"罪魁祸首"。最终，找到了坐在最后一排的小陈。原来是他在玩装笔芯的塑料包装袋，没想到，塑料包装袋"爆炸"了，发出了异响。我生气地说："放学留下来，好好和你谈谈！"他低下了头。

　　放学后，我回到教室，发现小陈安静地端坐在最后一排的座位上。偌大的教室里就只有他孤孤单单一个身影。他神情落寞，看到我进来了，眼睛看向了我，似乎在等待我开口批评。蓦然，我的心一软，决定换种方式和他好好谈谈。

　　"小陈，马老师要表扬你。"我走到他的身旁，语气温和地说。

　　"啊？"他的脸上满是诧异，直愣愣地看着我，好像不敢相信我的话。

　　"我要表扬你端坐在座位上安安静静地等待着我，说明你很尊重老师。我要表扬你，耐心等着我来和你谈话，说明你是个上进的孩子。"我顿了顿，望着他，他的眼中闪动着泪花。

"我还要表扬你，你如此认真地听我说话。说明你很爱老师。"我的话音刚落，小陈埋头抽泣了起来。

我摸摸他的头，依然语气平和："小陈，让我们像朋友一样好好聊聊吧。说说，最近你为什么状况百出？"

……

在将近一个小时的谈话中我知道了，一直抓孩子学习的妈妈近期生病了，爸爸工作特别忙，家里没人能好好督促他。另外，孩子一个人坐到了最后一排后(我班 41 人，有一个独座在最后一排)，总觉得自己很孤单，是被遗弃的一个。

得知孩子的想法后，我很惊讶，心中暗暗责怪自己为什么没有早发现这一点。我为孩子讲了乔小叶的故事——《坐在最后一排》。告诉他，班级里总有人会坐在最后一排，但没有人永远坐在最后一排。在老师的心目中，每一个学生都是老师的孩子，老师爱你们每一个人。小陈若有所思地看着我。

谈话结束了，教室里一片寂静，好像时间已停止流动。我知道，这半大不懂的孩子一定明白了我话里的意思，因为我分明看到了他凝重的眼神和眼中的纯真，分明看到了他在沉思。

我也在反思：教育除了需要爱，难道不更需要细心？老师不经意的一句话一个举动，往往可以影响孩子的一生。对待孩子，我们真的需要放慢脚步，俯下身子，张开慧眼去发现孩子心中的宝藏……

皮大王转变记

徐　敏

　　"徐老师,徐老师……"门外一声声的呼唤由远至近,"进来吧!"我停下正在批改的作业,皱了皱眉头,"怎么了?""徐老师,小博踢我,我经过他旁边,他就莫名其妙骂我,还踢了我一脚。"来找我的男孩子满脸委屈。"怎么又是小博,把他叫过来!"蹭的一下,我的火气就上来了。

　　小博,我们班的皮大王,在整个二年级也是鼎鼎有名的,无人不知,无人不晓。由于身体的原因,他晚了一年上学,人虽然瘦瘦的,但比班中的孩子要高了一头。他爱招惹同学,会骂脏话,还时不时打一拳、踢一脚的,同学们都离他远远的。可就算这样,一天中还会有几拨人向我报告小博欺负其他孩子的行为,让我这个新晋的班主任头痛不已。我也想了很多办法:教育孩子保护自己,远离小博;下课让他到我办公室报到,在办公室里休息;放学不准排在队伍里,和值日的孩子一起走;留校批评教育;"威胁利诱";与家长多次联系……十八般武器统统用尽,均没有什么大的效果。"调皮的孩子没什么,心地坏的孩子才可怕,小博二年级就这样,到高年级不知道会成什么样!"我愤愤然和其他老师谈论着小博,"他有一天请假没来,班级里真的清净好多!"

　　我就是这样的不喜欢这个男孩,每天给我制造麻烦,成绩还是班中垫底的,简直一无是处。这种想法持续了很久,直到某一天——

　　离放学还有一节课的时间,小陈告诉我不太舒服,看孩子脸色还行,我就嘱咐了几句,让他再坚持一下。下课铃声响起,孩子们理好书包开始排队,一个尖锐的声音响起:"老师,小陈吐了。"离得远的孩子拎起书包快速冲出教室,离得近的孩子捂上鼻子,嫌弃地远远避开。我立即跑回办公室拿起手机和小陈家长联系,告知孩子的情况,让家长速来学校接孩子回家。等我再回到教室时,发现只有值日的孩子留在教室,一手捂着鼻子,一手拿着扫把胡乱地扫着地。教室里弥漫着一股令人作呕的酸味。强忍住恶心,远远地,我看到一个小小的身影蹲在那里,正抽出一张张纸巾,盖在呕吐物上,走近才发现蹲在那里的居然是小博!在他的带动下,一些孩子战胜了嫌弃的心理,走过来,帮生病的孩子擦衣服、理书包、拎饭袋。送走了小陈,小博接着协助其他值日的孩子一起拿起扫帚扫了起来。我给孩子们拿来了口罩,和他们一起劳动。我忍住一次次泛上来的恶心,忍得眼泪哗哗的,可小博却只是皱了皱眉头,继续扫地。

这件事情让我对他有所改观,也让我静下心来重新观察、审视这个男孩。还是会惹是生非,但责任不全在他;批评过后脏话少了很多;第一个举手,承包了班级每周一的拖地工作;早上孩子们交的作业本有些凌乱,他默默地把本子摆整齐;午餐排队时,注意到我的眼神,提醒前面的孩子不要说话;作业拖拉留校补,被我狠狠批了一顿,走的时候不忘和我说:"谢谢老师,老师再见!"之后他做作业拖拉的次数越来越少……我当然不会吝啬我的表扬和鼓励,他慢慢地树立了信心,积极向上,不论行规还是学习都有了很大的转变。直至某一天,负责行规的班干部惊喜地告诉我,小博上五角星榜了,同学们情不自禁地为他鼓起了掌,他的脸上也浮现出了难得一见的羞涩笑容。

曾经的皮大王虽然还是调皮,但已经称不了"王"了,我也为自己曾经给他"坏孩子"的评价而感到羞愧。在每个班里,都有所谓听话的孩子和淘气的孩子。那些听话的孩子,不用我们多说,只要你的一个眼神,一个动作,就能心领神会。对淘气的孩子,我们的爱不分等级,不分贵贱,用不一样的眼光,发现他们,改变他们,更会让我们感觉无比的充实、满满的成就!

不求做名师
用心做明师
有明师崇德尚礼
用爱浇灌学生心田

一本特殊的评价本

金志琴

"金老师，灵灵又奔到厕所去玩了……"

"金老师，灵灵上课在地上爬，还要把我的学习用品藏起来，我想换座位……"

"金老师，你班的灵灵做小练习时在睡觉，练习卷上仅有的几个字还写得龙飞凤舞……"

"金老师，灵灵又咬人了……"

自从我接了一(2)班后，听到的最多的"告状"都是关于灵灵的。走进班中，他的课桌上、地上总是放着凌乱的物品，找本作业要翻半天；课间和小朋友追逐嬉戏。任课老师们谈起灵灵也直摇头：上课坐没坐相，站没站相，还要时常影响周围的同学，这样顽皮的学生真是少有。我知道：这样的品行不是一朝一夕形成的，要纠正他的坏习惯不是容易的事。

还记得班级每周评定"童欣章"，灵灵总是失望地低下头，甚至自暴自弃地说："反正我是最差的。我什么都做不好。"那两行泪水深深地烙在我的心里，刺痛了我。难道评价就是让后进生发觉自己是最差的吗？让学生失去前进的动力吗？这不是我在班中实行"童欣章"评定的初衷。面对学生、家长、同事每天的"告状"，看到自己的"苦口婆心"，父母的"棍棒教育"收效甚微，我也犯愁了。

开学一个月后，我决定再次家访，从孩子熟悉的生活环境入手，深入了解孩子的问题。夜幕降临,当我踏入灵灵的家,热情的奶奶和内向的妈妈接待了我,我发现灵灵的房间整洁、美观。"哇! 好漂亮的房间啊! 是灵灵自己理的吗?"孩子害羞地点点头。

"你有一双能干的小手,和妈妈一起把房间收拾得干干净净。我们的班级是你的第二个家,你愿意和金老师、同学们一起把它打扫干净吗?"孩子望着我真诚的面容,轻轻地说:"老师,我能做好吗?""能,老师相信你!"

为了让他融入班集体,我也使出了浑身解数:课堂上有简单的问题让他先回答,及时表扬灵灵听课的好习惯——"你的读书声音很响亮。请你做小老师领读!""你的坐姿很神气,要保持哦!"我还对大家宣布让灵灵做午餐管理员。

没想到,我的提议遭到同学们的反对:"老师,他平时吃午餐时动作慢。""他还要溜出去玩,不好好吃饭。""老师,他还浪费粮食。"

……

我阻止了同学们的"七嘴八舌":"我相信灵灵会管理好分饭桶,大家给他一个机会,让他做一个星期,再来评价吧。"听了我的话,面对批评一脸不服气的灵灵也平静下来了。

事实证明,我的做法是正确的。灵灵不仅每天把饭菜吃光了,还督促同学们节约粮食,帮助洒落汤汁的同学擦拭残羹剩饭。他的小岗位表现获得了大家的一致好评,为此,他还得到了"童欣章"。此刻,他羞涩地低下头,笑了。这一刻,我见到了最美丽的笑容。

我也感慨颇多:这样的孩子更需要得到师生的关注和信任。他需要老师创造机会,提供平台,尝试成功的体验,获得自信心。能否为孩子设定有个性的评价内容,让他把缺点一一改正呢?

于是,我专门为灵灵准备了一本个性化的"日日评星榜",并把我的想法与家长沟通,达到家校同步教育的目的。首先根据他目前存在的缺点,由我和灵灵每周商量并设定评价内容:如保持地面整洁,课桌上的物品摆放有序;课间轻声慢步,不追逐打闹等。评价流程:由班主任和同学共同参与评价,每节课后,及时对他的表现评星。每天放学前,我对孩子一天的表现进行书面总结,当然以表扬为主。孩子把评价本带回家让父母阅读,在家里进行同步训练。奖励方式:每周达到一定的星数可换"童欣章";家长也可满足孩子一个合理的要求。

自从启用了个性化评价本后,孩子时时刻刻发生着变化。有时,我指指课桌,灵灵马上开始整理脏乱的桌面;有时,面对课间奔跑的灵灵,我挥挥手,他立刻明白了跟我的约定。评价本上的星数渐渐增多了,孩子的坏习惯渐渐变少了,他还被评为班中进步最大的学生。

引导、激励孩子走向成功,一本特殊的评价本发挥了巨大的作用。

宽容——沟通心灵的渠道

蔡红芳

谁爱孩子，孩子就爱谁。只有爱孩子的人，才能教育学生。

——高尔基

爱，是一种力量，是指引人前进的一盏指路灯，而宽容的爱更能引发这种力量。

一天，晨会刚结束，班长就带着正哭哭啼啼的小张跑来告诉我，他放在书包里的七十元伙食费不翼而飞了！听到这个消息，我的心里猛地一惊：若真是这样，班中岂不出了"小偷"？可是，碰到这种事，毫无头绪，如何去查个水落石出呢？我感到压力很大：若是找不出，我要如何向小张交代？这个集体中，安全感又何在？必须查出事情的真相！

稳定了情绪，我向小张问清了事情的来龙去脉。经过时间核实，确定"失窃"的时间在做早操的十分钟里。据调查，当时小何和小王两个学生留在了教室里，他俩的嫌疑是最大的。

于是，我决定找他们谈谈。

我先请来了小王。望着小王的脸，我直截了当地把找他的原因告诉了他，并问他有没有看到过小张的七十元钱。小王听完后，一脸无辜的样子，一口否认他拿过钱。可出乎意料的是，他想了想，又神秘地对我说："老师，刚才做早操时，我看到小何在小张的课桌内张望了一下，好像是拿了什么东西。"我一听，顿时火冒三丈，看来拿钱的是小何无疑。

我把小何叫到办公室,问他有没有拿小张的七十元钱,小何一脸茫然,好像根本不知道发生了什么。直觉告诉我,一定是我冤枉了他。我连忙缓和了自己的语气,郑重地向小何道了歉,并问他早操时有没有离开过教室。小何说他去过一次厕所。送走了小何,我不禁沉思起来:如此看来,小何没有拿过钱,可小王为何说他看见小何……难道?

我再度请来了小王。当小王再一次来到办公室,走到我身边时,我明显地感觉到他的眼神里闪过一丝惊慌。事情有点眉目了,我轻声问小王:"小王,你知道老师再次叫你来办公室的原因吗?"小王低着头,不停地搓着衣角,显得有些不安。我问他:"你有什么要告诉老师吗?"他沉默了很久,终于道出了事情的真相:钱是他拿的。他看到很多同学都有一辆精美的赛车,他也想有一辆,可因为家庭经济不宽裕,父母不可能给他买。今天早上,他碰巧看到了小张把钱放进书包里,就想到了偷拿别人的钱。说到这里,小王已是泪流满面,他语无伦次地说:"老师,我错了,我不该拿小张的钱,更不该嫁祸给小何,我是坏孩子。"

一个四年级的小学生,居然有如此坏心眼,不但"偷"钱,还很有心机地嫁祸给别人。我勃然大怒,怒目圆睁地看着他。可当小王抬起泪流满面的脸庞,哭着对我说:"你骂我吧!打我吧!"我猛然想起陶行知先生对拿走佛堂里木鱼的学生说过:"人非圣贤,孰能无过?知过就改,必是好人。"对于学生犯错,陶行知先生没有责怪,没有大骂,有的是和蔼可亲的话语,有的是宽容和了解,他以宽容和赤诚把爱洒向每一位学生。我为何不能在学生喜怒哀乐的情绪中、细枝末节的言行中,把握学生的感受,多一点宽容,多一张笑脸,以找到沟通心灵的渠道呢?

能,一定能。

于是,我缓和了情绪,拍了拍他的肩,轻轻地告诉他:"没事了,等会儿你悄悄地把钱放回小张的书包里。今天的事就当没有发生过,同学那里、你父母那里老师会替你保密,但你必须和我作个约定……"霎时间,小王抬起了头,双眼盈满了泪水,说:"谢谢您,老师!谢谢!"

人,往往在感动别人的同时,也感动了自己。我发现,宽容的爱给人的力量是无穷的,它能建起沟通心灵的渠道。我们要以宽容之心对待每一个学生。

不求做名师
用心做明师
有明师崇德尚礼
用爱浇灌学生心田

用我心换你心

陆　婕

　　小刘,曾经是我们班的特殊生,因父母离异,现和爸爸住在一起。小刘非常瘦弱,平时常衣冠不整,在班级学生群中显得特别醒目。大部分同学由于他学习习惯差,行规不佳,不愿跟他交往,所以他总给人孤僻、不合群的感觉。

　　通过一段时间的观察和与家长的沟通,我对小刘存在的问题基本有了了解:小刘的孤僻、不合群,是其自卑感所致。他的自卑一开始主要来自他的父母离异。而当他在学习上碰到困难挫折时,由于太强的自尊,又不想求助于他人。长此以往,他对学习也就失去了足够的信心。反过来,学习上的不如意又加剧了其自卑感。

　　针对小刘的情况,用常规的谈话、批评、表扬显然收效不大。小刘失去的是自信,因此,必须先帮助他建立起良好的自我心理暗示,其他工作才能开展。在取得家长、任课老师及同学们的理解支持后,我开始一步一步地帮助他。

　　根据对他平时学习情况的观察,我发现他其实很聪明,但由于学习习惯差和懒惰,对于基础性、识记性的学科知识掌握不佳。对此,我找他进行了一次长谈,具体讨论他的学习目标问题。针对起点较低基础较差的现状,我与他共同制定了相对其他同学较低的目标,定位于基础知识,做基本题,难的不作要求,比如,每天抽空到我这边来背诵一首古诗。目标的接近,使他有了试一试的信心。

目标提出后,要做到并不易,而做不到显然又无法达到转化的目的。为此,我协同其他任课老师及部分学习较好的同学,给他各科搭配一个小老师。小刘看到这么多老师同学全力帮他,也表现出前所未有的努力和配合。果然,小刘接下来的课堂表现以及平时的小测验或者默写、背诵情况,较以前进步是明显的,他甚至还成了班中的"背古诗达人"。哪怕就是一次默写情况的好转,我都有意识地在课堂上对他的进步进行一番表扬,让他在同学中也能够获得最为基本的尊重。他增强了信心,提起了学习的兴趣。此后的上课,他显然比以前投入多了。

在学习上初尝成功喜悦之后,我把精力集中到解开小刘心头之结上来。尽管他学习有所进步,但毕竟仍与其他同学有差距,他仍会偶尔产生自卑的心理暗示。我通过与他爸爸的沟通、与各科老师的沟通,来营造正面引导的良好氛围。让他一心扑在学习上,把全部精力都投入到学习中去。因为学习上略有进步,他显得较以前自信多了,偶尔甚至有点洋洋自得起来。

信心调动起来之后如何保持? 关键在于增强耐挫力。因此,在小刘初具信心、学习略有进步的基础上,我对他适时调整了要求,将其目标适度提升,使其在实现目标过程中遭遇挫折,并鼓励他发挥自我作用,摆脱知难而退、对现实一味逃避的心理。同时,我改变初阶段时的事事关心,变为定下目标,遥控指挥、宏观调控。这种"若即若离"的方式,使他不得不面对现实迎接挑战。这些无疑增强了他的耐挫力。

通过小刘的转变,我感到,在特殊生转化工作中,我们需要倾注更多的爱心和耐心,更多的真诚和宽容。爱学生,也许就是在他对某个问题纠缠不清钻牛角尖时,我能微笑着帮他梳理;爱学生,也许就是在他行为习惯和学业水平不尽如人意时，真心去抚慰他的自尊心，并勇于承担让他上进的责任；爱学生，也许就是在日常教学中少讲大道理，更多的是用行动去帮助他们……

我愿做一个温暖的教育者，以爱心、真心、公心、慧心，真切、平等地去爱每一个学生。

不求做名师
用心做明师
有明师崇德尚礼
用爱浇灌学生心田

让宽容、友善之花绽放

李雪萍

　　放假前夕,办公室来了一群群小客人,三五成群,络绎不绝。每逢学期结束,孩子们就会结伴来看望教过他们的老师。"李老师,您好!"门开了,小潘同学扬起一抹灿烂的笑容,我立即拉着她坐在我身旁,互相问候后,小潘面带喜色地说:"感谢您,李老师,您给予我的不仅仅是知识,您还教会我宽容、友善、尊重等,这些都是人生课程重要的一部分。"

　　思绪回到了两年前。那天,上午第四节体育活动课刚下课,同事疾步走进我办公室,她神情凝重地对我说:"你班有一个女生刚才摔了一跤,估计门牙保不住了,你赶快下楼看看情况。"顿时,我心里笼上一层愁云。我马上赶到小操场,只见小潘同学用手捂着嘴巴正在哭泣,我检查了她的伤势,门牙磕掉了一个角。体育活动课老师束手无策,一筹莫展地说:"下课后,孩子们整好队带着饭盒准备去饭厅吃饭。排在前面的学生看到其他班的学生也排着队准备进饭厅,一时心急,突然就开始奔跑,小郑同学奔跑速度比较快,撞到了在前面奔跑的小潘,发生了意外。"了解到小郑奔的速度极快,看着小潘换过的门牙缺了一个角,我严肃教育了小郑,小郑意识到了事情的严重性,当场哭了起来。周围的空气仿佛都凝固了。这时,小潘拉着我的手臂说:"老师,我也奔跑了,他也不是故意撞我的,不全是他的错。您一直教导我们,用宽容的心境和同学相处,友谊才能稳固和长久。让我们宽容、友善地对待这件事吧,我们原谅他吧!"小潘的话语深深地震撼了我,小小年纪,竟有如此胸怀。

意外已经发生,再多的埋怨和指责也无济于事,必须第一时间采取救护措施,不能延误治疗时间。如果减小了治愈概率,对小潘的形象和身体健康都不利。我马上叫了出租车,带着小潘来到了医院,随即果断地拨通了小潘爸爸的手机。小潘的爸爸立刻赶到医院,了解了事情发生的前因后果,看着医生为小潘清洗、止血,听着医生的叮嘱:"门牙能够保住,缺的这个角以后要进行牙齿美容,最近要注意吃软的食物。"小潘的爸爸愁眉不展,但还是无奈而又礼貌地对我说:"这是一起意外事故,您在第一时间进行了处理和救护,谢谢!"看着孩子爸爸黯然神伤,我仍然心有余悸。

当天晚上,我和体育活动课陈老师、当天负责午餐管理的汪老师、小郑及小郑的家长一起到小潘家探望,我真诚地赞赏小潘的父母:"你们的家庭教育非常成功,小潘在面临牙齿剧痛的情况下,仍然不忘安慰、原谅小郑,宽容、友善的品质是十分可贵的。父母是孩子的第一任老师,孩子身上的优秀品质正是家庭教育的缩影。"小潘的爸爸腼腆地说:"这多亏了您平时对孩子们进行的礼仪教育和品格教育。"小郑家长买了水果,并准备了慰问金,但小潘家长只是收下了水果。

小潘生日那天,我和小郑家长沟通后,小郑家长买了件羽绒服给小潘作为生日礼物,家长会上我又在全体家长面前表扬了小潘具有宽容、友善的品格。家长会散会后,小潘的妈妈拉着我的手说:"李老师,您说得对,宽容意味着尊重、理解、信任和沟通。同学是一辈子的友谊,我们不会因为这件事搞得大家不欢而散。再说现在医学发达了,以后这种牙科整形难度不高的,希望小郑的家长,还有您和学校领导不要把这件事放在心上。"听着这善解人意的话语,我深刻地感受到,平时关注小细节、注重品格的养成教育,回报将是无价的。

　　营造让孩子心中有爱的氛围,用谅解、宽容的目光和心理看待他人,就会觉得春意盎然,到处充满温暖。宽容、友善的品格让孩子终身受益。

用爱浇灌学生心田
有明师崇德尚礼
用心做明师
不求做名师

读懂孩子的心声

金建玉

每个孩子都是一本书，每本书的内容都不尽相同。真正读懂孩子这本书，需要老师有一双慧眼，需要老师有一颗爱心，付出耐心。

送走又一批五年级的毕业生，我接手一个三年级的班级。三年级的孩子，半大不小，说他们懂事，可还是很调皮；说他们淘气，其实还是很可爱的。初接三年级这个班的时候，经过没几天的接触，有的孩子就和我"混"熟了，有的会像小尾巴一样跟着我，有的孩子看我时还显得有点小心翼翼。在这群孩子中，我一眼就发现一个男孩子十分特殊。他叫小费，穿着打扮显得比较邋遢，时不时还拖着两条鼻涕。这副"尊容"，想让我不注意他都不行。相比小费同学的形象，更让我在意的是他的神态，他在班级里总是闷闷不乐、心事重重的样子：开心的时候脸上笑不出来，即使笑起来，也很勉强，还不如不笑。他在班级里也没有好朋友，男孩子扎堆的事情，他又想凑上去，又游离在外，总显得有点离群索居的味道。通过我平时的上课、作业、练习等，我又发现小费同学的成绩很不理想。

老师的责任心和好奇心驱使我想更多地了解小费、帮助小费。我从原来的任课老师那儿了解到，他从外地转来已有一年多了，但总也不能适应新的环境，而且总有调皮的孩子欺负他是从外地来的，总瞧不起他。受了同学的气，小费并不是像有血性的男孩子一样"奋起反击"，他可能自信心也不足，被欺负得多了，逐渐显得有点麻木，话语越来越少，性格越来越孤僻，成绩也越来越差。原来在老家赖以骄傲的好成绩也没有了，自信心更是受到了极大的打击。

对小费的情况，我也是很着急的，又想帮他补课提高成绩，又想恢复他的自信心。事有轻重缓急，帮助成绩不理想的孩子提高成绩当然是很重要的，但对小费来说却是其次的。小费的问题更在于他的自信心。由于班级调皮孩子的歧视，小费失去对自己的信心，没有人能理解他、关心他，他陷于孤独之中。一个只有三年级的男孩子，每一天都在孤独中度过，那是一件多么令人心酸的事！

找到了病根，就能对症下药。于是我及时把了解到的情况向家长作了深入反映，并且用了"孤独"这个词。家长感到十分吃惊，一个只有三年级的男孩子怎么会感到孤独？家长以往只觉得孩子成绩在下降，在班级里有些调皮，打也打过了，不但没见成效，成绩反而更差。家长根本没想到孩子的心理出现了问题，再联想到孩子以往的种种表现，的确感觉到自己的孩子好像变了个样，完全丧失了自信心，也不爱同家长交流，原来开朗活泼的孩子现在却有些孤僻。当家长把我的话原原本本地转告给了小费同学后，没有想到小费同学的反应是如此之大，他突然号啕大哭，而且哭得那么伤心，泣不成声，就像一个人受了莫大的委屈而突然受到别人的关心一样，又像是一个孤独地在黑夜中行走的人忽然发现了同伴。从那以后，小费同学一下子就认为只有老师最关心他，最了解他的内心，最知道他的想法；老师就是他的知心朋友，就像那个在黑暗中陪他前行的人一样。

第二天来校的时候，小费看老师的眼光都不一样了。我也微笑着告诉小费同学，自从我接班以来，就发现他是一个挺聪明的孩子。我一边说，一边留心观察他的表情变化。以往经常被老师批评的小费听到我对他的肯定，他的眼神开始有点吃惊，难以相信；继而，又显得有点高兴,好像看到了以前的自己,看到了以前那个自信满满的小费。我也从小费微微翘起的嘴角和从内心洋溢出的笑容中看到了一种美好的前景。

解决了首要问题,次要问题迎刃而解,何况小费原来底子就很好。小费恢复了自信,又在我的鼓励和单独辅导下,成绩很快就提升上来了。期中练习小费同学的语文成绩取得了优秀。小费还在我的鼓励下认真写作,积极投稿,《我的老师》一文发表在《作文大王》上,同学们都为他高兴。我对他的殷切期望果然收到了效果,小费同学幼稚的脸上逐渐露出了真挚的笑容。

"知人才能善教,善教须先知人。"读懂孩子的心声,塑造孩子健康向上的心灵,老师也要善于用心去发现,为孩子的发展打下坚实的基础。

轻轻走近

赵 燕

我们常说"师有百行，以德为首"，教育是植根于爱的，师爱是师德的核心。我们知道很多关于师德的大道理，如果把它们转化为行动，是不是可以从给孩子一个鼓励的、和蔼的微笑做起，让他们能感受到老师对自己充满信心。

转眼间踏上工作岗位已经十多年，接触的孩子早已数不胜数，每当自己与孩子交往时，我都会嘱咐自己：轻轻地走近孩子，不让他们带着负担和压力与我交流。

最近一段时间和五年级的小李接触比较多，他是个帅气的孩子，男孩子所具有的调皮的天性在他身上淋漓尽致地显现着。不知什么原因，他上学一直迟到，这样的状况影响了他的学习。作为他的任课教师，或者说作为一个孩子的母亲，出于一种发自内心的焦急和同情，我琢磨着能做点什么。说来也巧，学校开展爱生帮扶结对活动，考虑到我与他同住一个新村，我主动与他结对，尝试帮助他改正迟到的习惯。

第一天，我一清早就打电话到他家提醒他起床，希望给他一点充裕的时间作准备。当我在约定的时间来到他家楼下时，对话机中传来他母亲的声音，得知他已经在洗漱，心里不禁有点庆幸：还好，他总算愿意和我一起去学校。为了多和他交流，我选择了步行的方法去学校，心里也一直在考虑着该和他聊点什么。直接聊学习，怕他会有厌恶和逆反心理。那么应该聊点什么呢？在近二十分钟的时间里，我们在聊马路上各种牌子的汽车,聊沿途看到的事物,没有一句话是说他的学业。

第二天,我按照和他的商定,没有打电话催他,他又起晚了。我们两个一路小跑出了新村,跳上出租车直奔学校,车上的我依然满面笑容,避开了他晚起的事,和他聊着他们班中的一些趣事。

第三天,当我早晨按约定的时间来到他家楼下时,他外婆告诉我小李已经先去学校了,我既惊讶又惊喜。我猜想:也许昨天我没有责备他晚起让他意外,也许是觉得再迟到对不起我,也许他下定决心要改正迟到的坏习惯,不管什么原因,他能按时自己上学就是一件好事。

接下来的几天他依然独自按时到校,我真为他高兴。

在和他接触的这段时间里,每一次交流我都充分征求他的意见,决不把自己的意志强加于他。迟到的问题解决了,那么学习呢? 那要困难多了。一天爱心晚托班后,我找到了他,询问他是否愿意到我办公室去做英语回家作业。从他教室到一楼走廊的路上,我知道他在考虑,我们一直在聊天,走到门厅我故意放慢脚步让他先走,如果他往校门外走,我会叮嘱他回家一定要做英语作业,当然我希望他能去我办公室,那样我可以了解他的英语学习情况。结果,他选择了留下来。

在这段接触之后,小李成了我关注的对象,虽然可能我不能从根本上改变什么,但我为自己曾轻轻地走近这个孩子而感到庆幸。正如苏霍姆林斯基所说的:孩子在离开学校的时候,带去的不仅仅是分数,更重要的是带着他对未来理想的追求。

你的眼睛会说话

周　琦

认识你已是三年前的事了,因为你的"沉默是金",更因为你闭着眼睛也能走路的"特异功能"。

"早啊,小俊,"楼面护导老师一边和你打招呼,一边向我介绍着已经是一年级新生的你,"你看呀,就是这个孩子,和他说话从来不搭理人,还闭着眼睛走路。"

眼前的你根本不理会老师的问候,肩膀上的书包半搭着,提溜着个饭袋。最令人匪夷的就是你那睡意朦胧、拖着步子走路的样子,即便身边的同学一个个一溜烟似地跑进了教室,你还是自顾自地,继续以蜗牛爬的速度朝教室方向走去,每天如此……

以后的日子,我知道了你的名字,了解了你的家庭情况,也经常看到老师们提到你时的无奈。

再次走近你,是从 9 月份起与你共度 35 分钟的音乐课时光开始的。第一个月,你在课堂上依旧一言不发。但沉默不语并不意味着你的世界是完全封闭的。当旋律响起时,你和别的同学一样,按照我的要求侧耳倾听,时而眨一眨眼,若有所思;时而眼睛里透着光,脸上仿佛有淡淡的笑意。渐渐地,我有了新发现:音乐课上,总会有一双漂亮的大眼睛长时间地追随着我的身影。当我的目光和这双眼睛交会时,它也变得不再躲闪。是的,就是你,小俊。毫不夸张地说,当时我有一种想要去拥抱你的冲动,因为这种"被信任、被依赖"的感觉真是太棒了!

好几次,我从你不再游移的目光中读懂了你的心思:渐渐长大的你渴望被重视,慢慢融入集体的你需要有自信。来吧,孩子!老师愿意停下脚步,和你一起驻足,发现你的美。

音乐课上,你的任何点滴进步都成了我眼中的"最美":某一刻端正的坐姿,某一个书写漂亮的音符,甚至是你一个会心的微笑。我会把这些"最美"放大,放大,再放大,大声地告诉每一个同学。此刻,你会用那双漂亮的大眼睛告诉我你内心的欣喜。

即便是在聆听音乐时,我也不放弃和你用眼睛交流的机会。我静静地端坐在琴凳上,微笑着平视着你,和你一起沉浸在音乐的情感当中。我会用眼睛告诉你:你读懂了音乐,你已经和音乐交上了朋友。亲爱的孩子,当我们的目光碰撞在一起时,我们彼此的心都是温暖的,充满信任的。

一个学期下来,你用那忽闪的大眼睛、欲言又止的唇部动作坚定地在向我传达一个信息:老师,我喜欢音乐,我想唱歌。

小俊同学开口唱歌啦!是的,期末考核的那节课后,同学们还都意犹未尽,兴奋地说着这件看似不可思议的事情:平时几乎听不到声音、不愿和人交流的你,居然当着全班同学的面,独自一人,完整清晰地唱完了一首歌曲。

还记得那节课上,你表情专注地观看了大部分同学的表演。轮到你时,我用满含期盼的目光看着你,你那双漂亮的大眼睛也正定定地看着我。我清晰响亮地报出你的名字。那一刻,我发现你的身体不由自主地颤抖了一下,但很快,你就从座位上站了起来,手里还拿着一本音乐书。当你走上小舞台,站在同学们面前的那一刻,教室里的空气似乎凝结了。几秒钟后,质疑的小声音开始传入我的耳朵。

"他也会唱歌吗?"

"歌词都还没有背出来。"

"不可以看书的。"

……

伴奏声响起,只见你手中紧紧攥着书,身体微微转向我,目不转睛地注视着我,唱完了整首歌曲,直到教室里响起阵阵掌声。

孩子,你知道吗?当四目相对的那一刻,我的眼睛就没有离开过你,生怕一个眼神的飘忽会影响到你的发挥。我知道,手中紧攥的书是你的精神支柱,而你眼中的我就是你坚强的后盾,你终于战胜了自己,勇敢地唱响了属于你的歌。

窗外,一只鸟儿飞过,欢快的鸣叫声萦绕心间。巧了,我正在为读懂了你的眼睛暗自窃喜。难道,你也知晓?

不求做名师
用心做明师
有明师崇德尚礼
用爱浇灌学生心田

如 果 我 是 你

李静雯

笃、笃、笃,办公室的门被轻轻敲响,"老师我来了。"小顾涨红着脸,慢慢地走到我面前。

我皱着眉,我该拿这个"小差王"怎么办?"小顾,你知道老师为什么要找你谈吗?"

"肯定是我上课表现不好了。"孩子说这话的时候低垂着脑袋,手不停地揪着衣角。

看到孩子这个样子,我不禁陷入了沉思。孩子知道自己的问题在哪里,以前的提醒、批评也起不了大作用。看来问题的症结并没有找到。

"你错了,老师想表扬你。"我摸摸他圆圆的脑袋道。"嗯?"他瞬间抬起了头,眼中透露着疑惑。

"你刚才进办公室的时候懂得敲门。今天进校门的时候,见到不认识的老师你也会主动问好。真是个有礼貌的好孩子。"他腼腆地笑了。我接着说:"今天完成作业的速度也比昨天快了,有进步哦!"他看着我,嘴角下垂:"可是,我还是比其他人慢啊!"

"为什么要和其他人比较呢?"

"每天晚上做作业,妈妈就会说我做得比弟弟慢,错的比弟弟多。"孩子的语气非常低落,脸上却倔强地表现出一副无所谓的样子。

"如果我是你,我一定会觉得很难过。我也在做作业,妈妈为什么还要批评我！你是这样想的吗?"我摸摸那颗低低的脑袋,心想：这是不是问题的症结呢?

听完我的话,孩子点了点头,浓浓的失落挂在他的脸上。

我揉了揉他的脸,道:"从你的话中我听出来,你不希望总是被爸爸妈妈批评,你很想让他们多表扬你。是吗?"孩子缓缓地点了点头。

"你觉得什么情况下爸爸妈妈才会表扬你呢?"

"我考试成绩好,他们就会表扬我。"

"小顾,我们学习的时候成绩是重要的,这可以检验我们学得好不好。可是学习不光是为了成绩,更要学会怎样去努力做一件事。只要我们努力去做了,不管最后的结果好不好,我相信你爸爸妈妈一定会表扬你的。"小顾似懂非懂地点了点头。"我们在学习的时候会遇到许多困难,我们不和别人比,我们和自己比,每天进步一点点,你就会越来越棒的。有信心吗?"

"我该怎么进步呢?"小顾非常期待。"老师送给你一样秘密武器。"我拿出三张分别写有"抬头、专心、书写端正"的卡片。看到小顾满脸问号的神情,我解释道:"这些秘密武器是用来提醒你的,看到上面的字,你就要照着上面做。上课的时候把'抬头''专心'放在课桌上,做作业的时候把'专心'和'书写端正'放好。这样,你就会越来越棒了。"小顾拿着卡片开心地点头。

从这次谈话中,我觉得小顾是一个内心敏感且要求上进的孩子。他不希望父母总是把他和弟弟或者其他人做比较,渴望他人对他的肯定。家庭教育和学校教育对于孩子来说都是非常重要的。于是我主动联系了小顾的妈妈,了解小顾家庭教育的情况。顾妈妈说:"由于家里是双胞胎,小顾虽然是哥哥,却在很多事情上的表现都没有弟弟好。而且弟弟比较会看脸色,小顾却比较固执,有时候知道错了,却拉不下脸来认错。所以在平时的生活中,小顾受到的批评就比较多。"听了顾妈妈话,我不禁皱起了眉头。一个孩子长期生活在各种比较中,还经常受到批评,这种感觉多么糟糕啊!和顾妈妈沟通了孩子内心的想法后,我希望顾妈妈在家里不要拿两个孩子做比较,尽量以正面的、鼓励的、表扬的方式去和孩子沟通学习、生活方面的事情,帮助孩子建立自信心、养成好习惯。在校园的学习、生活中,小顾只要有一点小进步,我都会在全班面前大力地表扬。经过一段时间的努力,小顾有了很大的进步,课堂上专注了、作业书写端正了、人也越来越开朗了。

作为一个小学教师,面对这么多懵懂的孩子,我们就好像医生一般,需要对症下药。因为他们是孩子,所以需要我们更多地帮助;因为他们是孩子,所以需要我们更有耐心地引导;因为他们是孩子,所以需要我们站在他们的角度考虑问题。在教育孩子的时候,不妨多运用一下同理心,对孩子说一句"如果我是你……"

一个小小的误会

陆 兵

一年前的一个早晨，一个男生在田径训练结束时悄悄求我："陆老师，上午的体育课让我们踢一次足球，好吗?"我没有吭声。

现在的体育课，越来越难上：学生娇气十足，我总是担心他们在运动时出现伤害事故，因此对他们在课堂上的举动小心了又小心，提防了又提防，管头管脚放不开，激烈的项目尽量少搞。只求一节课下来，太平无事最好。

但显然他误会了我的意思，于是"陆老师答应让我们踢足球"的消息传开了。上课铃声一响，他们班的队伍就一反常态，早就整整齐齐地排好了。有一个学生刚讲了一句什么话，马上被旁边的同学碰了一下，并遭到训斥："你还想踢足球吗?"这个学生马上老老实实地闭上了嘴。看到这副架势，不让他们踢球也真有点对不起他们。于是我要求他们必须做到：安全第一、遵守规则、团结协作，做不到就立刻停下来。我知道这个时候，你不管提什么要求，他们都能答应。

足球场上的情景也确实出乎我的意料，每一个男孩都是全身心地投入，满场飞跑，球在脚下，一面盘带，一面招呼同伴。另一方也不断有人阻挡、倒地铲球，汗水、灰尘全然不顾，被人撞到了、绊倒了，咧咧嘴，忍着疼爬起来坚持参加战斗。实在忍不住疼得掉了几滴眼泪，马上就有同伴善意相劝和鼓励："男子汉，不能掉眼泪! 要踢足球，就得禁得住摔，熬得住疼。"防守的同学也会马上跑过来："我不小心把你撞到了，真对不起。"倒在地上的同学马上一面擦干眼泪，一面有礼貌地说"没关系"并挣扎着爬起来。

当我判定一方犯规而由另一方罚任意球时，被罚的一方马上就会自动排起人墙。只不过这人墙是倒着排的，用后背和屁股来阻挡来球的一记猛烈冲击。当自己的一方攻进一球时，他们也会情不自禁地相互击掌、拥抱，以示庆贺；当严重技术犯规时，听到我喊"红牌！"违规者会规规矩矩地自动离场，并不抱怨我的裁决不公，而是悔恨由于自己的冒失，失去了上场的机会。他们在球场上的表现真可称得上"前仆后继""如痴如醉"。

看到同学们如此精彩的比赛场面，我的内心确实被震撼了：为什么我以前只考虑到高强度对抗项目的危险性，却忽略了体育活动对个体精神品质和规则意识的塑造呢？

时代的发展赋予了体育运动全新的目标——磨炼意志、健身健体、健全人格。不同的体育项目对学生的意志品质会产生不同的效果：耐力跑可锻炼顽强刻苦的精神；体操能培养勇敢坚毅的性格；舞蹈能激发人的美感；游戏、登山有利于培养拼搏的精神……而足球仿佛更有魅力，它尤其擅长培养男孩不怕困难、勇敢向上的阳刚之气和团结协作的集体主义精神。

从那以后，我改变了自己的观念，重新与学生约法三章，把过去担心发生伤害事故的这个不准、那个不行的规定，改为在较好地完成体育必测项目的考试、课堂纪律良好、场地允许的情况下，可以适当搞一些竞赛活动。这样一来，学生锻炼的目标明确，课堂纪律好转，积极性高涨了。我上课的节奏明快多了，也能更好地完成课堂教学的任务。

现在想来，真要感谢那一次小小的误会！

用爱开启爱

朱丽萍

当听着一声声甜甜的问好，看着一张张熟悉的笑脸，你是否发现身边的孩子正在悄悄地改变着。是的，他们的变化悄无声息。然而，回头看看走过的路，抬头看看几年来一直伴随我的这一群天真的孩子，我蓦然发现他们变了，年龄的增长使得他们渐渐地疏离我，性格中的叛逆使得他们不再一味地顺从我。

严同学是这个群体中最突出的一个。当同学之间发生言语之争，他从来不肯吃亏，忍让、宽容在他眼中似乎是懦弱的表现；当我批评他时，他总是以"不是"两字开头，满脸的不服气；当我批评其他同学时，他的幸灾乐祸溢于言表；杂乱的课桌肚，横七竖八摆放着的书本……一次又一次的批评与教育，使得他每次见我都步履匆匆，似乎不愿与我多交谈，目光中含有了太多的不满与不服，这使我心中沉甸甸的。我深思，我是否该改变我的教育方法。

于是，我们进行了一次心与心的深谈。那天，放学后，我有意留他，教室里只剩下我和他。我亲切地询问他对我的想法："你喜欢我吗？""不喜欢！"他直言不讳的回答使我脑中顿时"轰"地一下一片空白，一秒钟，两秒钟……教室里安静极了。当我从震撼中醒悟过来时，我听到了原因。"你总是喜欢当众批评我，这使我很没面子；你还喜欢向我妈妈告状。"我是一个性格直爽，有什么就说什么的人。俨然，在他的眼中，我是一名爱告状的老师，有时当众的批评使他在同学面前丧失了自尊。

"那好,我们互相尊重,互相理解。"我与他达成"君子协定",有事私下解决,我不在同学面前批评他,他也不能在同学面前顶撞我。发生事情我们俩自行解决,不让妈妈参与。

接着,我请他找出了自身的不足之处——上课时随意插嘴,桌肚杂乱无章,不认真完成回家作业。我安排一名优秀同学坐在他旁边,每天及时提醒他自觉认真地听课,及时整理课桌肚,做好每天的作业记录。

渐渐地,我感觉到他变了,变得上课能专心听讲,作业能按时完成了。每天的突击检查,他能做到我的要求,课桌肚干净、书本放整齐了,并且惊喜地发现这两星期他都是按时完成作业的。我意识到这是个契机,找了一节英语课的课前,在全班面前隆重地表扬他。从此,我对他备加关注,批改他的作业,不忘加上一句批语:"Very good!""Perfect!""Come on!"偶尔看到其他同学作业不做,我也当着全班的面说:"你瞧人家严同学,就有这决心,彻底改变了,你应该向他学习啊!"

渐渐地,我发现他喜欢我了,眼里充满了信任。耐心、信任使他充满了自信。我觉得一种崭新的情感在我们之间慢慢地潜滋暗长,那就是尊重,互相的尊重。严同学进步了,虽然只是迈开了一小步,但这是可喜的一步,是迈向成功的一步。当然,他会时常反复,这就需要老师和同学经常地督促、提醒他注意自己的学习习惯和行为习惯,以便及时地改正缺点。

我爱班里的每一个孩子,尽管他们在别人眼里很普通,还有许多的缺点,但在我的眼里,他们就像夜空中的群星,闪耀着希望的光辉。

我爱教育事业,更爱我的孩子们。在他们身上,我投入了全部的精力和爱心。

实践证明,没有爱就没有教育。爱,是师者之魂,我将继续用这颗永恒不变的爱心对待我的学生,用爱的雨露去浇灌学生的心田,用爱开启爱!

一把钥匙开一把锁

陈　莉

小朱同学长得白白净净,但着实是个不受大家喜爱的孩子。上课不愿参与学习,对于老师的提问一问三不知,有时干脆趴在桌上装睡觉。作业拖拉,还经常惹是生非,一会儿戳戳同桌腰,一会儿弄乱后座同学桌面上的东西。同学们向老师诉苦,说他影响自己学习,不愿与小朱做"邻居"。

于是,我找小朱谈话,希望他能遵守学校的各项规章制度,按时完成作业,知错就改,争取进步,做一个老师喜欢、同学们喜欢的好孩子。他一开始毫不在意,一个劲地找别人的错处。看到我严肃的表情,并把他谈及别人的问题一个个还原,澄清事情的前因后果后,他只能老老实实承认自己错在先。但之后的几天,我发现他还是跟以前一个样,没什么变化。我又找来小朱的父母,希望他们能和我一起帮助小朱。他的父母表示多次教育过小朱但收效不大,对此也没办法。

为了更好地帮助小朱,我查阅了一些教育书籍,也讨教了身边的同事。进而发现,小朱在群体里比较孤独,他经常招惹同学,大家都躲着他。他就越是以他的行为来引起大家对他的关注。对于这样的孩子,最需要的是老师的爱心、关心和耐心,要纠正他的错误认知,指导正确的处事方法;行为纠正不可能一蹴而就,要坚持鼓励,积极强化,当他有改进的时候,老师要及时肯定,并循序渐进对他提出新的要求;帮助他只靠老师显然不够,得发动同学们同伴互助,让他在群体中时刻受感化。

认清了以上几点后，我再次找小朱谈话。

"同学们都拿到过童欣积点卡了。你还没来换过卡，是吧？"

"哼，我拿不到的。我背书背不出来。"小朱很不高兴。

"不是只有成绩好才能得到童欣卡。这次默写你虽然还是没能及格，但对比之前的默写情况，我看出来在这个假期里你是认真复习过的。你看，再多对两个就能及格了。你的努力值得表扬。"我翻看着他的本子。

他眼神亮了亮："我妈妈盯着我默了整整一天呢。"

"对啊，努力了就会有收获。对于这次的进步老师要奖励你。你是要糖果还是盖奖章啊？"

"要章！糖果是给小小孩的，我现在是大孩子了。"

"依我看，目前施行的集卡标准对你来说确有难度。咱们起点不一样，陈老师想根据你的努力和进步的增量，给你量身定制个奖励标准，好吗？……"

我和小朱一起根据他的现状，制定了专属于他的个性化集卡标准。

小朱来了兴趣，眼神里有了期待，表示自己很有信心。另一方面，我充分发挥集体的力量，让班干部、学习小伙伴每天记录下他表现好的地方以及不足之处。

一个月以后，小朱有些行为有了改进：课堂上基本不影响同学了（同学不告状得一颗星）；课上有时能举手发言了，虽然只是模仿跟读，但至少在听讲了（主动发言得一颗星）；作业能按时交了，不会做的练习他不好意思空着，会开口请教同学了（准时交作业得一颗星）；父母反映回家能自觉做作业了，能控制情绪，不乱发脾气了（父母对他回家作业的态度和时间做评价，由老师确定是否加星）。

常言道:"一把钥匙开一把锁。"小朱的行为尚未固化成习惯,他的学业成绩上也需更大的提升。我不奢望几次谈话就能奏效,也不奢望短时间内能"立竿见影"。我的"适度偏心"、因势利导,反复抓抓反复,让小朱保持着前进的动力、奋发的勇气。我坚信,只要唤醒他的主体意识,这一朵不起眼的花儿定会在我的精心呵护下开得更旺、更艳!

不求做名师
用心做明师
有明师崇德尚礼
用爱浇灌学生心田

逃 学 之 后

刘　燕

　　刚开学,又是换了我这么一个新班主任,全班同学都在努力展现自己的最佳状态,而小王同学却连作业都不做。可想而知,这个孩子的习惯有多么糟糕。我严肃地批评了他——学生行为习惯的培养必须从第一天开始。可他竟不知悔改,批评过后,依然我行我素。正当我想进行更细致的教育时,他甚至逃起了学。想与他的家人联系,却怎么也联系不上。问了原来的班主任,才知道小王的父母做水产生意,根本不管孩子。

　　新接班,真没想到会碰到这么棘手的问题! 想尽办法后,我终于找到了他的母亲,告知了孩子的情况。

　　第二天,小王来学校了。他不敢正视我,一直低着头,露在校服外的胳膊和腿上,满是青一条、紫一条的伤痕。看着孩子瑟瑟发抖的样子,一切的气愤化为乌有,有的只是心疼与内疚。我柔声问他:"为什么逃学?"好久,他嘴里才挤出一句:"我……又没完成作业……"我一阵揪心。当孩子犯错误时,我没有耐心地了解情况,没有及时送上我的关爱与帮助,才会让这个无助的孩子犯下更大的错误。此时此刻,我知道,不能再过多地责备他了,他需要的是理解,需要的是关心。

　　于是,我在班里说:"小王前一阶段由于多种原因没能来上课,今天他终于来了,可他缺了不少课,谁愿意和他做同桌来帮助他?"很多学生举了手,抢着和他做同桌。最后,在大家热烈的掌声中,他坐到了新座位上。或许,就是因为有了这样充满爱的举措,他对我有了信任感,在我面前开朗了起来。

可是,仅仅这些还是无法使小王获得更大的进步。他的父母平日里根本无暇管他,连吃饭都是有一顿没一顿的,小王在学校好不容易有了点滴进步,回到家又从零开始。我多次与他父母沟通,希望他们能多关注孩子。然而,话语的力量在生活的压力面前是那么苍白无力,他的父母诚心听过,转瞬又忙于生计。权衡之下,利用星期天,我把小王接到了自己家。看着他狼吞虎咽地吃饭,我也开心极了。在这样的氛围下补课,小王尤为认真。

就这样,日子一天天过去,平日里,我是小王的老师;双休日,我成了他的大姐姐。渐渐的,小王的进步越来越明显了。或许,是因为他知道,有人一直在关心着他的成长,期待着他的进步。

是的,我所给予小王的关心与呵护、鼓励与期待,正在他身上发生着奇妙的"化学反应":让脆弱变为坚强,让恐惧化为勇气,用热诚融化冷漠,用阳光驱散阴霾……这,就是师爱的力量!

责怪之前,请多思量

顾华伟

批评和表扬是老师常用的教育手段,虽说其出发点都是对学生的关心与爱护。但责怪之前,请多思量,因为使用不当会造成"误伤"。

那是我刚接的一个班,早晨一到校我就赶紧批阅学生的作业,检查家长是否签名。回家作业家长签名,这已经成为教师了解家长是否关心、督促孩子学习的有力依据了。

咦?!这个家长的签名字迹可疑,像是学生自己写的……不!肯定就是学生写的!又出现了,这可不是第一回了,又想蒙混过关?唉!肯定是因为作业正确率不高,为了避免家长的责骂,干脆不让他们知道,自己签!模仿得还挺像啊,不仔细看,还真看不出来。

我立即找到了这个学生,问道:"昨天作业是谁签的名啊?"他不作答,看他低着头的样子,我更是坚定了自己的猜想!于是毫不犹豫地责怪道:"冒充家长签名,不诚实!"他抬头看了我一眼,嘴角微微动了一下,像是有话要说,很委屈的样子。但我并没有给他机会,心想:看你能编出什么样可笑的理由?他始终默不作声,我有些不耐烦了:"没话说了吧!别以为老师认不出来!好好想想,自己签名这件事对不对?下次还自己签名吗?"我乘胜追击。他的眼泪一直在眼眶中打转。"丁零零",上课铃响了,我冷冷地对他说:"上课了,你先回座位,好好反省反省!"

回到座位的他,眼泪刷刷地流了下来。看着周围同学莫名的眼神,我又一次抓住这个典型对全班进行了一番教育："大家以后可不能向他学习,代替家长签名啊！这样会让爸爸妈妈不了解你的学习状况,后果很严重哦。"学生都瞪大了眼睛,看着这位"不诚实"的同学,他的头更低了！接着干脆把头埋入他那纤细的臂膀中,抽泣了起来……

我的心里咯噔了一下,突然感觉刚才的言语有点过分了,从头至尾没有让他说过一句话,都是我在唱独角戏。他还是个小孩子,或许性格胆小,或许不善表达,或许……

"他的妈妈身体一直不好,精神有障碍,根本不会写字！爸爸工作忙,又不常回家,平时他都是自己签名,我们只要求他能自觉按时完成作业就可以了……"当我从班主任那得知这位同学自己签名的真正原因时,我怔住了！我怎么能这样？怎么能不问青红皂白就……又怎么能在全班同学面前批评他呢？此时此刻我回想起早上的一幕:他那微微颤动的嘴唇和委屈的神情,我明白了,当时他想告诉我原因的！可是当着全班小朋友的面实在不好开口,他流下眼泪是因为我真的错怪了他！虽然是好心,我却做错了！如果在责怪他之前,我多思量一下……我的心久久不能平静,我感到应该去道歉,在全班学生面前道歉。

"今天,老师想给你们讲一个故事……这个故事是说一个人没有把事情搞清楚就……那个人就是我,我想对这位同学说抱歉,希望取得他的原谅！"看到他脸上慢慢流露出的笑容,我心里顿时宽慰了许多,"像这样的同学,我们每一个人更应该在学习和生活上——""帮助他！"学生们的异口同声顿时让我感到面红耳赤。

教育需要细水长流。学生耳濡目染老师的一言一行,不管是有意识,还是无意识的,都对学生起着潜移默化的作用。作为教师,批评要讲策略,责怪更不能随心所欲。我想在以后的日子里,我会永远记住这件事。因为它使我认识到自己教育方面的鲁莽与不足，我得吸取教训，"前事不忘，后事之师！"

为了学生的健康成长，责怪之前，请多思量！

不求做名师
用心做明师
有明师崇德尚礼
用爱浇灌学生心田

给你特别的爱

叶秋花

送走毕业班,回到一年级,在入学培训的第一天,我见到了你。

小小的个子,白白的皮肤,大大的眼睛,你看上去是个非常可爱的小男生。但很快,我发现了你的特别。当其他同学都带着刚刚成为小学生的兴奋,围着老师笑着、闹着的时候,你却始终不说一句话,一个人坐在角落里,木然地看着教室里的一切,我的心头顿时掠过一丝不安。

当天的家访,让我对你有了进一步的了解。你的爷爷、爸爸、妈妈都是残障人士,家里一切都靠奶奶打理。你的家庭是完整的,也充满爱的氛围,但是由于家庭成员整体文化水平较低,家人对你疼爱也只是表现在满足你生活上的需要,对成长中出现的问题并不是很积极地去解决,也有顺其自然发展的想法。

对你的家庭情况有了进一步了解后,在学校里我也对你有了更多的留意:你上课很安静,但注意力不能集中,语言表达不清,从不举手回答问题,也从不和任何老师、同学交流,表现出明显的自卑心理。由于你语言表达能力较弱,经常话不对题,同学们也不愿意和你玩。有时,老师和你多说几句,你就会眼眶发红,若是再说下去,甚至还会流泪。

面对这样特殊的你,我们几个科任老师达成了一致,帮助你尽快融入班集体,感受到班级的温暖和快乐。因此,我们给予你特别的爱和照顾:首先进行初步人际交往能力的培养,特别是口头表达能力的培养,使你能够和同学们进行正常的交流；同时，进行行为能力和生活能力的训练，使你能具备一定的适应社会的能力；从你的乖巧听话入手，还可以适时培养你的进取心和自信心。

作为班主任，我更融入了特别的爱，唤醒你的自信心和对美好生活的热爱。在繁忙的工作中，我每天都抽出时间，主动和你聊天。下课时，我经常去教室看看你，拉着你的小手到室外和同学们玩。刚开始，你非常抗拒。但是我没有放弃，坚持从简单的话题入手，渐渐地我们越来越熟。你在学校有困难，也会第一时间来找我。

有一次，你一脸尴尬地来到我面前，支支吾吾地说你最近总想上厕所。有几次上课时憋得差点尿裤子。我听了，先安慰你不要担心，所有老师一定都会理解你。随后，我安排你坐在后门边上，告诉你如果想上厕所就可以从后门悄悄出去。当天我就和你奶奶取得电话联系，原来你在家里早有这种情况发生，奶奶认为这是男孩子正常的情况，就一直没在意，才会发展到如今的状况。我特地嘱咐你奶奶一定带你去就医，千万不要耽误了你的身体健康。果然经过治疗，这一情况很快就改善了！你也和我更加亲近了。

当然，仅仅靠学校教育还是不够的。家庭是学生生活的场所，也是接受教育，健康成长的主要环节，因此得到家长的支持也是非常重要的。据我了解，你父母虽然残障，但对你还是很关心的，只是缺乏指导方法。于是，我想方设法与你父母沟通，尽量用通俗易懂的语言教他们一些家庭教育的方法。

四年以来，在家长、老师和同学的共同帮助下，你已经完全融入班集体之中了。你能够主动和身边的人进行交流，人际交往能力有很大提高，能够做一些力所能及的事，还增强了卫生意识。你开始变得自信，学习的积极性也有所提高，上课能基本做到专心听讲了，一些基础的默写甚至可以在爸爸的辅导下完成得不错。你虽然还远远不能像其他同学一样,跟上集体学习的节奏,但已经有了明显进步。

随班就读学生是班集体中的特殊群体,由于他们学习成绩不理想,又不善与人交流,时间一长,就形成一种自卑的心理。因此,他们在集体生活中处于一种弱势状态。但是,作为教师,我们应该清楚地认识到,随班就读学生也有自尊,有着自己的特点,有着自己的人格,他们同样渴望得到老师的关注,渴望得到同学的认可,渴望得到他人的欣赏。因此,对这部分学生教师不能袖手旁观,视而不见。身为教师,我们应睁大眼睛去发现他们的优点,发自内心地欣赏他们,关爱他们,并且让更多的人来欣赏和爱护他们!

随班就读的孩子同样是掉入凡间的小天使,只要教师对他们付出更多的爱,特别的爱,他们也会和别的孩子一样散发出熠熠的光芒!

妈妈心中有很多孩子

张荣丽

"妈妈,你看看都几点了,怎么还没到呀?"

"妈妈,你到底来不来接我? 又说话不算数!"

"妈妈,我是不是你亲生的? 总把我晾在一边!"

面对女儿一次次指责,我只能说:"宝贝,妈妈心中还有很多孩子。"

又一届学生面临毕业,共处了五年,看着他们天真烂漫地走进一中心校园,也希望他们能满载收获地离开。在这关键时刻,容不得我有些许懈怠。放学后,我会将任教的两个班前一天回家作业做得不理想的学生集中在一个教室,每天三四人到十来人不等,让他们将出错的同类型习题再练练,然后一个一个面批,让孩子们说出错因和现在的理解,这是很有效的巩固,孩子们也很配合。我每天做着这"必修课"。时间一分一秒地过去,接女儿的事情经常忘记或耽搁。好多次回家晚了,老公怨声载道:"你心里只有你的学生,女儿高二了,你上点心行不行。""学生和女儿都重要。"我调皮地笑笑。

五班有个男生偏科严重,数学成绩不错,在英语学习上却马马虎虎,从不背和记,徘徊在合格边缘。父母很着急,找到我,希望最后两个月我能给孩子补一补,我二话没说答应了。除了放学后补习听力、语法外,只要有空我就约上他背词汇。见我那么执着,他也不好意思懈怠,态度来了个大转变。毕业时,男孩取得了非常不错的成绩。他妈妈几次三番塞给我补课费,都被我婉拒了。学生是父母的宝贝,也是我的孩子,陪着他们前进是我的责任。

七班的小曹原本性格开朗,突然间变得情绪低落。一了解才得知他爸爸因为车祸变成了植物人。我和行政办主任沟通后,校领导也非常重视,马上组织全校师生募捐。因为妈妈要在医院照看爸爸,小曹的学习没人管了。于是早上和放学时段,他也加入到我的"小跟班"队伍了。五年级最后一次春游,小曹说他不想参加,我心里咯噔一下,小家伙是不想给拮据的家里再增添任何负担。毕竟是最后一次和相处五年的小伙伴郊游,我悄悄地付了活动费。孩子,没事的,老师陪着你呢!

四班有几个皮大王,不把新上任的班主任放在眼里,经常扰乱课堂秩序,对曾经任教过他们三年的我却很买账。我就主动协助班主任和课任老师管理班级、共同教育这几个小家伙。在我眼里,只要教过的就永远是我的学生,我的目光追随着他们,心儿牵挂着他们。

还有一个多月孩子们就要毕业了,因为陆续落实了初中学校,他们变得浮躁起来,听课、作业状态都不如从前。我急在心里,凌晨时分爬起床,给孩子们写了一封信,与他们讲讲心里话,勉励孩子们严谨治学、有始有终。毕业考成绩出来了,两个班表现都不错,我担心的宝贝们都合格了,最令我揪心的小汤和小秦都得到了"良好",这一刻我比孩子们还兴奋。

五年一轮,我的教学又画上了一个漂亮的句号。学生的爱戴、家长的感激,燃起我内心的骄傲与自豪!但对女儿我心有愧疚,宝贝,对不起,妈妈一次次让你在风中苦等,一次次牺牲你的休息时间让你扮演学生配合我试教……妈妈心中有很多孩子,这一生,我会用心做一名平凡的好教师。

悦悦，你变美了

全嫣婷

"老师，她身上有一股臭味！"

"老师，她的头发油油的，好像几天没洗了！"

"老师，她的头发怎么总是乱糟糟的？"

……

面对这一声声埋怨，悦悦低下了头。

悦悦留着齐肩短发，不太打理；刘海齐眉，时常看不清她的眼；长得高高大大，皮肤不太白皙。她是个内向的孩子，不太说话，显得格外不合群；同学们因为她身上的怪味，也不爱搭理她；她的学习成绩平平，动作很慢，课桌里乱哄哄的，总找不着东西，是个小马虎。哎，这一切让她在班中变得不受欢迎！

悦悦是家中领养的孩子。爸爸因常年出差，没空照顾她；妈妈下班回到家中已经晚上六点，自己还像个孩子，只顾着玩网游；家中有个爷爷，负责做饭、接送，但毕竟年纪大了，其他的事儿也就顾不上了。

看着被同学们数落的悦悦，我急在心里。我找到她的妈妈，和她聊聊孩子的近况。说到悦悦动作特别慢，妈妈一顿埋怨："老师啊，你看，我给了她一个安静的环境，让她好好做作业，她却总是拖拖拉拉。背不出，我让她再背；默不出，我陪她重默。"可是悦悦却告诉我，妈妈总是在玩游戏，不管她。在这样的环境下，孩子能认真学习吗？我和她的妈妈又交流了悦悦不太爱干净，班级里小朋友因为这个问题向我反映了多次。她的妈妈又说悦悦动作慢，做完作业已经很晚了，来不及洗澡，早上起得又晚，自己上班早之类的话，尽显无奈。我沉默了！看来，改变还得从孩子入手。

我找到悦悦，和她闲聊起来。对话中，我了解到她很渴望能漂漂亮亮地出现在同学们面前，希望能和大家交朋友。作为教师的我能为她做些什么呢？

我想让悦悦成为一朵美丽的小花，迎着阳光快乐成长；我想让她成为一朵美丽的小花，心中充满阳光；我想让她成为一朵美丽的小花，和无数的小花朵成为朋友，绽放她的美丽……

思来想去，我找到所有执教我班的老师，和他们沟通了我的计划，请大家配合我一起鼓励悦悦、锻炼悦悦，让她变得勤快起来，变得"美"起来。

第二天一早，我在走廊"偶遇"悦悦，自然地拉着她的手来到了办公室。桌上有我准备好的梳子和精选的漂亮发夹。我用梳子为悦悦梳理着头发，她的头发真的油油的，但却乌黑发亮，我边梳边说："悦悦，你的头发黑黑的，特别漂亮，老师的头发干枯发黄，真是羡慕你！"她听着，没有吭声。我继续梳着，把散乱的头发梳通顺、扎了个小辫，又说："悦悦，帮我把桌上的发夹拿过来。"悦悦递上了发夹，我问道："这个发夹好看吗？"悦悦点点头。"你喜欢就好，送给你了，我为你戴上。"悦悦很有礼貌地道谢。我拿出镜子让她看看镜中的自己，并夸奖道："悦悦，你变美了！"她不好意思地笑了，连连道谢。

我和悦悦走进教室，同学们盯着她看了好久，悦悦不好意思了。我清清喉咙，喊着"上课"……很快就到了放学时间，我班的"小广播"来汇报班级情况了。她眉飞色舞地说："全老师，你知道吗？今天好多老师都夸奖悦悦变美了。悦悦好像今天是变了个样，你说这事奇怪吗？"我微笑着，"那你是喜欢她今天的样子还是原来的样子？""这还用问吗，今天精神多了！"我不忘叮嘱"小广播"："一会儿见到悦悦，你就代表同学们表扬一下她！"

每个人都有展现自我、与人交往的内在需求，外表变美了，能增加自信。周围人的夸奖更能让她变得美滋滋的！放学时，我把悦悦留了下来，我问她想不想学学怎么梳头，她眼神中满是渴望。我手把手教着，她认真地学着。

第三天，悦悦梳着跟昨天一样的发型来上课了，我小声在她耳边表扬她梳得很棒，她的脸红了。放学后，小广播又来汇报了，"悦悦的头发是自己梳的，她真是令人刮目相看，同学都夸奖她变美了，变能干了呢！"我又笑了。

之后，我又给她买了新发夹，告诉她要经常洗澡。虽然妈妈晚到家，但有些事可以提前完成，要合理安排时间，提高效率。再之后，我告诉她要勇敢迈出第一步，多和同学们交流，勇敢表达自己的想法……

在一句句赞扬声中，悦悦变干净了，变勤快了，学习成绩也悄悄发生着变化，虽然还有差距，但进步是不容置疑的。

教育是温暖的。亲切、友善的赞美能让学生变得自信，感受到成长的力量。来自老师及同学们温暖的鼓励，不仅让悦悦外表美起来，内在也更健康了。

"悦悦，你变美了！"希望这句话能长留在悦悦心中，激励她健康成长！

唱响共同成长的歌

孙雯君

2017 年 12 月 29 日

今天是 2017 年的最后一个工作日,忙忙碌碌的一年即将过去。一早我和往常一样,开始了一天的工作。"咚咚咚",办公室的门被推开,进来的是一个三年级的女生。"孙老师,我给您写了一封信。"孩子腼腆地说,一手把信递给了我。"给我的信?""嗯!"耳畔传来上课铃声,孩子走了,我开始认真地读起信来。

信是用文稿纸写的,书写稚嫩但工整。孩子在信中写道,下学期三年级将搬回西部校区,而我会留在东部校区,她不能每天看到我了,很伤心,写下这封信和我告别。信中回忆了音乐课情景。一年级第一堂课我让他们按节奏朗读自己的名字,好新奇。第一堂课上我唱了五首歌,美妙的歌声瞬间"吸粉",让这些小不点坐稳了身姿,不再乱动。二年级我带领他们排练了合唱《歌声与微笑》,身体随音乐摇摆起来,我还和孩子们一起登上了少年宫的舞台……

文字让一个个画面再现。信的字里行间流淌着的是孩子两年的记忆,也是我们相处的美好时光。最后孩子说:"孙老师,您就是我心目中的好教师,希望您还能来西部教我们。我还想告诉您一个秘密,长大了我也想做一名教师,一名和您一样的音乐教师。"

看完信,我的眼眶湿润了,心情很难用言语来表达。前段时间经历了身体的不适,我低落的心情在这一瞬间被小女孩的一封信给温暖了。这个班我带了两年,每周就两节音乐课,孩子能记住我,记住课上细小的环节,太让我感动了。在学生眼里,我活泼、阳光、多才多艺,被一个孩子深深地记在心中,是多么幸福的事情啊!

作为一名音乐教师,我努力让课堂变得有声有色,让校园到处充满歌声。我把自己对音乐的感受传递给孩子们,呈现给学生一节节轻松、愉快的音乐课,学生可以从我这里感受到音乐的魅力。我知道,我工作的目的不是为了培养音乐家、艺术家,而是让学生感受音乐,体会音乐,热爱音乐。做一名教师我内心很充实,我会继续做好我的本职工作,做音乐的使者,播撒艺术的火种,成为学生打开艺术之门的引路人。

在这快节奏的网络时代,小女孩选择用一封信来传递自己的情感,纯朴而真挚。孩子,老师感谢一路上有你们的陪伴!感谢你让我体会到教师的职业幸福感!

2018 年 1 月 2 日

今天是 2018 年新一年的第一个工作日。元旦期间,我提笔给孩子写了一封回信,还准备了一份新年礼物,一本《小故事,大道理》的书籍。信中,我回顾了自己学习音乐的快乐之旅。感谢她一直把我记在心中,我也表扬了她的父母,能把她教得那么好,乖巧、懂得感恩。她热爱音乐,有副好嗓音,音乐学习能力强,我在她身上我看到了自己的影子。小时候,我也是怀揣着对音乐的憧憬,向往能站上更高的舞台。我鼓励她坚持目标不放弃,用汗水浇灌丰收的果实。我期待十多年后,她能成为我可亲的伙伴。

故事里的孩子名叫可可,一个漂亮、大方的女孩。她曾辛苦积攒了一个学期的积点卡,为了和我共进午餐。班班有歌声合唱比赛,她盛装打扮,音色甜美。可可,你何尝不是我心中的那片美丽。你的出现,就是让老师变成更好的自己,然后陪着你一起成长!

不求做名师
用心做明师
有明师崇德尚礼
用爱浇灌学生心田

师爱的神奇力量

毛纪红

教育技巧的全部奥秘就在于如何爱护教育对象。

——苏霍姆林斯基

在工作实践中，我深切体会到：教师要爱每一个学生，无论是男生，还是女生；是优秀的，还是暂时落后的；是班级干部，还是普通学生。当每个学生都能从你的言谈举止中直接感受到"老师那么关心我"，自然会激发出"我不能让老师失望"的进取意识，教育也就能达到事半功倍的效果。

曾经任教的班中有这样一个小朋友：他的个子是全班最矮小的，胆子特别小，反应也特别迟钝，且不爱说话，写出来的数字都是反的。据他妈妈讲，这与因病错过了早期教育中智力开发的最佳时期有关。

一次上课，我请他回答一个非常简单的问题，可他站在那儿一句话也不说。我一时忍不住说了句："没碰到过像你这样的小孩，这么简单的题目也不会做！"他听了竟然大哭起来。全班同学愣住了，呆呆地望着他，教室里的气氛一下子凝结了。

这哭声犹如一只无形的巨手，猛地揪住了我的心。我不由地深深内疚起来：我怎么可以这样做？作为教师，带领孩子走向成功，不正是我的职责所在吗？更何况像他这样一个在学习上有困难的学生？如果

158

他不能从教师这里寻求帮助,他又该到哪里去得到帮助呢?

想到这里,当着全班学生的面,我郑重其事地向他道了歉。他止住了哭声,眼中闪着惊异的目光。我和声细语地将题目又分析了一遍。说来也怪,这回他很快就将题目正确解答出来了。当我向他投去鼓励的目光时,我察觉到,他的目光中有很多复杂的东西。第二天上课时,他竟破天荒地举手,要求回答问题。

这件事使我受到了很大的启迪:教师的爱,可以在学生身上发挥出极大的功效。

于是,在后来的日子里,与他说话时我尤其注意自己的语气,碰上他不懂的地方就耐着性子一遍一遍地教。只要有一点进步,我就表扬他一番,使他感受到自己的进步和成功的喜悦;我又用课余时间帮他纠正数字的书写,减少因为书写不当造成的错误;上课时也尽量多给他创设发言机会,帮助他树立起自信心;下课后给他讲个小故事、小笑话,加强交流,让他感到老师对他的重视、对他的爱。

一学期下来,他的学习突飞猛进,处于班级中等水平。第二学期期末考试,他竟得到了"优秀"。我在全班学生面前好好地表扬了他一番。当他从我手中接过试卷时,一向胆小不爱说话的他,竟深深地向我鞠了个躬,并说了声:"老师,谢谢您。"此时的我,说不出一句话,只是摸着他的头,心里又震惊,又激动,更多的是欣慰。

当老师的爱温暖着学生的心灵时,老师对学生的关心、期望、尊重、理解、信任都是促进学生素质全面提高的心理动力。在这一动力的作用下,学生的自尊得到了滋养,自信心得以培养,学习随之变得积极主动,从而擦出了创新与创造的火花,人格也会向着社会所期望的方向健康发展。

"教育是事业,事业的意义在于献身。"我想,一个不热爱学生的教师,是不配声称热爱教育事业的,至于为事业而献身就更无从谈起了。

我有幸成为一名教师,我深知师爱是一份沉甸甸的责任。我将时刻勉励自己——我是教师,学生是我的至爱。师爱是神奇的!

不求做名师
用心做明师
有明师崇德尚礼
用爱浇灌学生心田

爱是师生沟通的桥梁

王　怡

教育之没有情感，没有爱，如同池塘没有水一样。没有水，就不成其池塘，没有爱就没有教育。

——夏研尊

的确，有爱的教育才是治疗心灵创伤的良药，更是与学生沟通的桥梁。于我，这是有深刻体会，因为有这么一个孩子在我的数十载教书生涯中始终令我念念不忘——

初　识　他

认识他是在新学期第一节美术课上，也就是那节课引起了我特别的关注。一年级的他，上课与别的小朋友是那么不同——始终低着头，几乎没抬起来过，更不用说举手发言了。当其他小朋友灿烂地对我笑时，他躲闪着我的目光；当其他小朋友高高举起小手争着发言时，他把头低得更低了；下课后，当别的小朋友叽叽喳喳开始讨论时、手牵手去上厕所时，他仍是一个人寂寞地坐着。

后来几次路过他们班级，发现他不是独自坐着，就是一个人躲在走廊的角落里……

为什么一个一年级的孩子会这样？我不禁找到班主任了解情况。原来，因为家庭的特殊原因，他缺少家长的关爱，家庭的温暖，衣服邋里邋遢,不与人亲近,特别孤僻,很少与周围同学交流,对于老师也敬而远之。他在学习上一直处于中下水平,自尊心又极强。在同情之余,我更多了几分惋惜,并细细思考对他的教育。

贴 近 他

上课时,只要有机会,我就请他回答问题,"逼迫"他抬头。一开始,他只是默默地、一言不发地站着,我再次柔声问他:"小李同学,你知不知道这个问题的答案啊? 如果不知道可以告诉老师,如果知道,你就大声回答,好吗?"等待来的还是预料中的沉默。于是,我和全班同学说:"小李还没有想好,没关系,我们谁来帮助他?"一年级的孩子们很热情地纷纷举起他们的小手……

其实,孩子虽小,但也有辨别能力,他能够感觉到同学们热情的帮助,老师不断地鼓励。

虽然美术课很多,但下课只要看到他孤单的身影,我就有事没事的找他聊聊天:"小李,你怎么不和小朋友一起玩呀?""小李,你是不是还有一个小妹妹啊? 那你就是大哥哥啦,你要给妹妹做个好榜样哦,那样妹妹会以你为傲!""小李,你觉得老师很凶吗? 不凶? 那你怎么在课上都不睬我? 老师有点伤心哦!""小李,老师发现你原来画画画得很好啊,比老师小时候好很多呢! 如果你上课抬起头,认真参与到课堂的话,你的进步一定会更大!"……

终于他慢慢开始有了质的变化——上课不仅能抬头,还能举手发言了。他渐渐打开了心扉,而我也离他更近了,我心里偷偷笑了。

走 进 他

有人说:尊重个性意味着承认个性的存在,并给予相应的位置。

受到尊重的人会产生自信心,才能感到"天生我才必有用"。

在上美术课时,我发现,这个孩子还是有些绘画天赋的,但因为家庭的因素,课上要用的许多工具无法配备齐全,他就拿着一支铅笔一声不吭地画。怎么才能把我手中那套彩笔送给他,又不让这个自尊心强烈的男孩子难堪呢?

灵机一动,我拿着他的铅笔稿给大家看:"小朋友们,你们停一停。老师巡视了一圈,发现小李画得真是太有想法了。你们看看,他的画有哪些是你们可以学习的?"有孩子说画得很大,有孩子说画得很漂亮……大家的赞美,让他又一次露出了会心的微笑,我知道那是一种自豪的微笑。

于是,我趁机说:"小李同学画得这么漂亮,老师应该奖励他。这样吧,老师就把这套彩色油画棒奖励给你,希望你能画出更漂亮的画来,好吗?"

孩子先是一愣,接着使劲地点头,还用轻微的声音说:"谢谢老师!"

其实,性格内向的孩子,往往更需要一种非语言的交流方式,所以当我额外抽时间辅导优秀生时,总不忘让他过来,指导他一起画画;课堂上常常把他的优秀作业拿出来展示,让他感受到认可,感受到鼓励;我还给他讲古今中外的画家故事,让他知道自信有多重要,努力才会成功。

在老师们的共同帮助下,这个自尊心极强的孩子,终于也开始面带微笑地与同学进行沟通和玩耍,绘画日渐进步,成绩也有了一定的提高,性格比以前开朗了很多,甚至有时也能跟我说说家里的情况,那一刻我感觉我真正走进了他的心里。

梁启超曾说:"天下最神圣的莫过于情感。爱的教育,不外将情感善的美的方面尽量发挥,把那恶的、丑的方面渐渐压伏淘汰下去。这种工夫做得一分,便是人类一分的进步。"教育需要沟通,而沟通最好的桥梁莫过于"爱"。

不求做名师
用心做明师
有明师崇德尚礼
用爱浇灌学生心田

"我也要告诉你妈妈"

邵　嵘

"老师第六次提醒你,不要再离开座位了,请你坐下来认真听课。再离开座位,老师就跟你妈妈说你今天上课的表现。"我严肃地对小林说道。

"老师,你不要告诉我妈妈。"她带着恳求的语气说。

"好,那你坐下来认真听课。"

可还没到两分钟,她的屁股又离开了座位。

下课铃响了,我把她叫到我面前:"老师今天提醒了你六次,你仍然随意离开座位不认真听讲,今天老师要跟你妈妈联系了。"

她几乎是叫了起来:"老师,你不要找我妈妈,我会改的。"

"可是我一共提醒了你六次,前面五次你也是这样说的。"我实在是气不过。

"老师,你不要跟我妈妈联系,我真的会改的。"她的语气中带着一丝哭腔。

"不行,我一定要把今天的事情告诉你妈妈。"我的态度很坚决。

"你……你要告诉我妈妈,我也要告诉你妈妈,哼……"她突然爆发,吼出了这样一句话。

我愣住了,已经下课的教室突然沉静了下来,留在教室里的孩子都齐刷刷地看着我。显然,其他孩子也被这句话震到了。我立刻装出一副委屈的样子说:"可是今天老师这节课上又没有做错事。"很多孩子听了"哄"地笑了,她气呼呼地回到了座位上。

回到办公室,我陷入了沉思:开学两个月了,大部分孩子通过一个月的学习准备期活动,有了明显进步,但是这个小家伙的课堂行规一直让我头疼。我的一句"可是老师今天没有犯错"虽然化解了当时尴尬的气氛,可我的心里仍久久不能平静:为什么她会这样? 我的六次当众提醒伤了她的自尊心,那句"我一定会打电话给你妈妈"则让她彻底爆发。人都有自尊心,哪怕她是个孩子。

晚上跟小林爸爸通了电话才知道,原来她极弱的自控力在入学之前家长就发现了,还专门咨询了医生。医生告诉家长:孩子的右脑发育明显比同龄孩子迟缓,这是造成孩子自控力差的主要原因。因为她老是犯错,家长也曾不止一次用严厉的方式教训过她。末了,我让家长放心,这件事情交给我来办,请他们别批评孩子。

第二天,我把小林叫到身边,和风细雨地和她聊了起来。"小林,你知道吗? 其实,你很聪明,老师也很喜欢你。"她一下子睁大了眼睛,似乎在怀疑自己的耳朵听错了。我加重了语气说:"真的,其实你很可爱。小朋友坐不住是正常的,慢慢来,昨天老师着急了,所以脾气不太好。"听了我的话,她有些不好意思起来。

"邵老师,其实我挺喜欢上英语课。我也想不要动的,就是……后来,你一直说我,我就……"

"老师明白!"我又趁热打铁地说,"我相信你能慢慢改正。那咱们就来个秘密约定吧。以后听到上课铃声,你先提醒自己这节课要坐端正,认真听讲。如果课上邵老师发现你没控制住,我就悄悄走过去给你个'信号',这样你能马上改,也不会影响全班上课,你看怎么样?"小林连连点头,显得很兴奋。

从那以后,我遵守约定,在她控制不住时走到她身边摸摸她的头发,拍拍她的肩膀,指指她的书本,她马上会意,有时也会脸一红。渐渐地,离开座位的次数少了,举手的次数多了,一双眼睛能看黑板、看老师了。秘密约定,包含着我的期待、宽容和信任。调皮的小林能不断给自己心理暗示,接收到了我给她的提醒信息后,非常配合,坏习惯慢慢改正,学习的热情增强了。我打心眼里越来越喜欢小林,为了鼓励她,奖励了不少"勤学章"。

教师要得到学生的尊重,自己首先得尊重学生。每个孩子身上都有积极向善的因子,我们播下"尊重"的种子,对学生有信心、有耐心,尊重他们的感受,尊重他们的人格,对于学生身上的问题和缺点要善于因势利导,促进其转化、改变。

教育是一种慢艺术,更是一种需要精雕细刻的慢工活。转变心态,精雕细刻之下定能收获一个个惊喜!

慢一点，走进孩子的心灵世界

周丽琴

数学课上，我正讲到精彩之处，突然听到"哇"的一声。原来是小陈哭了。所有的目光都落在她身上。只见小陈擦着眼泪，一副委屈的样子。原本平静的教室里一阵雀跃，一张张小嘴开始议论究竟发生了什么事情。

肯定又是哪个皮大王捣乱，把她惹哭了。我一边这样想着，一边用目光在小陈四周搜索，想找出那个"肇事者"并及时平息这一场风波。奇怪，小陈周围坐的可都是班里的乖孩子，应该不会有人欺负她呀！到底是怎么回事？

纳闷之余，我干脆停下课来，决定把事情查个水落石出。问及小陈时，她哭着指指同桌小卢："他欺负我！"小陈的手背上有很明显的一道红印，"他拿活动铅笔戳我的手。"

果然，印子很深。于是我让一个同学陪小陈去医务室消毒，留在教室里的同学开始告状："周老师，小卢经常欺负同学。"

"他每次走过我身边都要撞我一下。"

"他下课时也打过我。"

"上次考试我的成绩比他好，他就在我的考卷上改分数。"

"他老是把自己桌子往前推，还用脚踢我的椅子，让我坐也坐不下。"

······

天哪，虽然小卢是这学期刚转到我们班来的，但是他在我面前的表现一直都很好啊！上课积极举手发言，思维活跃，想象力较强，语言表达能力也不一般，他的回答常常起到画龙点睛的作用，成绩也很优秀。怎么会……

正在这时，平常调皮捣蛋的小吴站起来说："上次我在公交车上，听到小卢的妈妈跟他说'如果别人碰你，你就打回去'，不要被人欺负了。"

听了这话，我突然想起前天护导时见到的那一幕：小卢在走廊里撞着了隔壁班的一个同学，那个同学向我告状说小卢故意撞他。当我询问小卢时，他一口咬定自己不是有意的。我相信了他。于是，我安慰了被撞的孩子，请他原谅了小卢的无心之过，事情就这样过去了。可眼前那么多同学反映的问题，难道都是"不小心"吗？

我有种受骗的感觉，一股无名之火油然而生。怎么办？趁势狠狠批评他一顿？或者……当我正使劲地想着"治"他的方法时，瞥见小卢无比后悔而又害怕的表情。望着全班孩子一张张稚气的脸，再看看手中的粉笔和自己所站的三尺讲台，猛然意识到：我是老师，我的言行会对他们产生很大的影响。尤其是小卢，如果批评惩罚不当，不仅会伤害孩子的自尊心，还会激起孩子的逆反心理。教育常常会牵一发而动全身，需要教师付出极大的耐心、细心和责任心。慢一点，慢一点处理，我决定认真了解事情原委后再作决定。

于是我没说什么，只是用眼神示意大家继续上课，事情我会查清楚的。一场风波之后教室又恢复了平静。课还是继续上，同学们学得很认真。

午饭后，我把小卢叫到办公室，问他为什么会发生上午的事情。

他委屈地说："我转学就是因为在以前的学校总是被同学欺侮，所以妈妈说，来到了新学校，我要保护好自己。"

原来是这么回事！我很高兴找到了问题的症结，原来小卢缺乏安全感，把同学放在了自己的对立面，把欺负别人当作壮大自我、保护自己的好方法。

"小卢，在以前学校你被其他同学欺负是什么感觉？难受吗？"

他使劲点点头。

"你现在欺负别人，不是和当初那些欺负你的同学一样吗？现在被你欺侮的同学的想法就和你从前的想法一样啊。"

小卢低头思索了片刻，幡然醒悟似的抬起头来看看我。

"你很聪明，很多地方是同学的榜样，老师和同学都很欢迎你的到来。但是你把自己不快乐的遭遇如法炮制，强加给了同学，闹出了很多矛盾。你想想，你的行为对吗？"

"我们班是一个团结友爱的集体，大家都愿意和你交朋友。你看，上次你忘记带油画棒了，小丽主动与你合用，多好的伙伴！你这样欺负同学，今后谁还愿意和你做好朋友啊？"

"老师，我错了，其实我也想和大家交朋友！"小卢焦急地说，眼中满是诚恳和期待。

"那好，我们约定，从现在开始就努力做一个受人欢迎的人，好吗？"

小卢郑重其事地点了点头。

我很庆幸在课堂上没有大声呵斥他。现在这样的结果令我感到很欣慰。其实教育并不是一件难事，只要用心就行！慢一点，只有慢一点才能走进孩子的心灵世界，和孩子真诚对话，远比呵斥、惩罚有用。平凡的一天就这样过去了，而对于小卢来说，这一天也许会永远留在他的记忆深处。

给点阳光更灿烂

熊雅帆

上课铃响后,教室里慢慢安静下来。但灵灵依旧自在地躺靠在椅子上。哎,这熊孩子!

灵灵,一年级新生。走进教室,相信你很快就会从人群中注意到他。不是因为那乌黑的头发、可爱的蘑菇头造型,而是因为他桌子上总是干干净净的,没有教科书、油画棒等学习用品,还有他那懒散的"葛优躺"。我真服了他,竟能借助这小小的椅子拗出这造型。稍一走近,你会发现在他的桌子下面,却是一片狼藉,书本、文具、餐巾纸散落一地。"灵灵,上课了,把书本拿出来,好吗?"他抬头看了我一眼,送给我一个傻笑,又低下了头。没有反应! 我走到他后面,"需要熊老师帮你找吗?"他爱理不理地说:"随便!"

每周两节美术课,我是忍一忍,还是……教师的责任和使命告诉我,我不能听之任之,而要积极行动。

综合班主任掌握的信息以及放学时与其家人的沟通,我对灵灵的情况有了大致的了解。灵灵的爸爸妈妈被公派在国外学习,所以他跟着爷爷奶奶生活。老人觉得亏欠孩子,所以对他很是溺爱,事事百依百顺,书包由爷爷每天背到校门口再递给他;回家路上,他说不想回家吃饭了,奶奶就陪他去吃披萨。灵灵的想法一旦得不到满足,就拼了命地折腾,爷爷奶奶只能投降。渐渐地,"小霸王"脾气越来越大,家长也发现了问题,但是无计可施。原来如此! 灵灵的思想状态在学校生活中也暴露无遗,除了散漫,不守规则,我发现他爱出风头,喜欢引起别人的关注,觉得自己比其他同学都"厉害",他连老师都不怕。

我一定要拿下这块难啃的骨头。他爱出风头,我就来点阳光,乘势而为。

又一堂美术课,我大声宣布:"熊老师决定请灵灵担任美术课代表。美术课代表必须勤劳能干,课前他得早点来美术室,帮助老师一起分发彩纸、剪刀等物品,检查同学们的课前准备工作是否做好。课上完成了自己的书画后还要协助老师把同学们的作品布置出来。老师相信灵灵同学能当好课代表。灵灵,你愿意当我的助手吗?"灵灵的眼里满是惊讶与欣喜,一反常态,马上坐端正,"我愿意!""好,我们把掌声送给灵灵。"我带头热烈鼓掌,"给,请你把这些彩纸发给大家,一人一张。"平时做什么事都慢吞吞的他,快步走上前,把纸轻轻地放到每个同学的课桌上。我看到了有史以来最认真的灵灵。虽然在后面的独立绘画时他又坐不住了,歪七歪八,把东西乱哄哄地摊了一大堆。但在我上前帮他整理时,他马上意识到了问题:"熊老师,我能自己理好的。"我接口说:"我就知道你能干。没事儿,你抓紧画,一会儿我们还得合作把同学们的画贴上黑板展示区呢!"

就这样,灵灵当上了课代表,我不时地在全班表扬他,夸他能干,感谢他的服务。看到他热情有所松懈,我就婉转地问:"灵灵,最近有没有和爸爸妈妈视频啊,他们知道你做课代表了吗? 下次联系,你就告诉他们,熊老师夸你可能干呢!"

两个月过去了,灵灵的进步真不小! 我决定撒点大阳光。

"灵灵,这个周末我要带我家小弟弟去公园郊游。他总听我夸你,很想见见你这个大哥哥,你愿意和他一起玩吗?"

"真的吗,我好久没去公园了。"灵灵眼里满是期盼。

"当然是真的,老师会和你爷爷奶奶说的,到时我和叔叔、弟弟来你家接你。"

"嘿嘿,谢谢熊老师!"

"我觉得我家小弟弟脾气不好,老师还指着你能给他做个好榜样呢!"

……

灵灵的坏习惯在慢慢改正,他也知道了树立榜样才是吸引同学的好方法。当其他老师谈到灵灵的转变、灵灵的进步时,我感到由衷的欣慰。

人生一世,就好比一次搭车旅行。孩子们也是我人生旅途中遇到的旅客。孩子们上车时没有什么行李,如果我能在他们的行囊中留下美好的回忆,我会感到幸福……当我下车后,和我同行的旅客都还能记得我,想念我,我将感到快慰。我希望自己可以拥有常驻心底炙热与激情,执着而智慧地对待每个孩子。我坚信播种阳光,就会收获情谊,传递爱心,就一定能感受到美丽。我愿意做一个播种阳光的人。播撒一路阳光,灿烂每颗童心!

三分含情，七分叙理

汪　均

朗朗，男孩，今年 10 岁，现读四年级。说起话来不紧不慢，中间还偶尔夹着个"啊，唔"等停顿的词语，像个小大人。他说话有一个习惯动作，就是爱搔脑门。每当遇到不好回答的话，就绕着弯儿地和你兜圈，或者支支吾吾地顾左右而言他。要么抛给你一个难以捉摸的微笑，以此来分散你的注意力。

别看他人小，心思却鬼着呢！他脑袋好使，常常是不怎么听课也能学到和别人一样多的东西。因此，上课时他干脆把二郎腿叉开，趴在桌上一个劲地画着他心中的画，搞起了"副业"。他还经常使"绝招"呢，比如上课时在地上打个滚，突然尖叫几声，行为的怪异，举止的异常，同学们都说他得了"多动症"。家长也觉得纳闷，上医院一检查，结果还真是那样。

最让人受不了的是他那"脏样"。说起这，他可是出了名的。要说谁的抽屉最适合养臭虫，非他莫属呀，那儿营养好着呢，要啥有啥，面包屑、饮料盒、果皮……要说谁的"地盘"杂物最多，他是头一名。教室里随时随地都可以看到他的"文房四宝"，他也不在乎。今天丢，明天买。实在丢没了，他就随手拿别人的，反正顺手牵羊不叫偷。他可从不把这种行为与"偷"联系在一起。

自从教了他，朗朗同学自然就成了我的重点"治疗"对象。他的病情可真够复杂的，是"综合症"。十天半月恐怕难以见效。我呢，虽然医术不高,却有耐心,我相信,治"心病"得用"心"。这不……

快上下午最后一节课了,安安哭着跑来说:"老师,我的钥匙不见了。""是吗,在哪不见的?""我在饭堂吃饭,钥匙放在身边,起身拿了一根香蕉,回来钥匙就不见了。"哪有这样的怪事? 为了弄明白当时的情况,我把几个在场的孩子都找来了,他们都说看见安安带了钥匙。难道安安没带钥匙到饭堂? 不对,据安安妈妈说,她亲自把钥匙交给了孩子,这不会有错。那么,是谁拿了安安的钥匙呢? 拿这钥匙有什么用呢? 安安妈妈说,钥匙上面挂了一个小鼓,是她班一个学生去新加坡回来送给她的一份小礼物。这下可真难住了我。要是福尔摩斯在世那该多好啊! 安安又补充说:"吃饭时,朗朗来过我那里,坐了一下就走了。"

朗朗? 莫非真是他! 思前想后,我的思维在朗朗身上定了格。对,得找这小家伙问问。据说他曾有过不检点的行为。可这家伙又嘴硬,就怕他不认账。对了,我干脆来个"将计就计",对话开始了:

"朗朗,你今天吃饭时坐在安安旁边,对吗?"

"是的。"

"你看到了一串漂亮的钥匙,钥匙上还挂着个小鼓。你很喜欢那个小鼓,所以你就趁安安吃饭时,把它抓在手里了。然后你把它藏在一个秘密的地方。你的行为都被我们班的一个同学看到了。朗朗,好好想想,你把钥匙放到哪儿了?"我的语气毫不含糊,好像这一切是我亲眼看见似的。

"是的,我确实看到一面小鼓,我以为是妮妮的钥匙,所以就把它拿上来了。"这家伙居然也毫不隐瞒。

"快,快想想,那钥匙放在哪儿?"我的心都快蹦出来了,没想到我的假设竟然生效了。这家伙以为我知道了一切,干脆全招了。结果,钥匙就在他的书包底下找到了。我对他的行为感到很疑惑,他要这钥匙干什么？在我的盘问下，朗朗说他真的认为钥匙是妮妮的，他想到妮妮生病了，所以替她把钥匙拿上来。本来是一片好心，没什么恶意。他的回答让我感到很为难。这时，我想起班上曾发生过的失窃案。有的同学放在柜子里的本子、卷子会不翼而飞，带来的东西会突然失踪……难道这些都与朗朗有关？看着朗朗镇定的神情，我还是觉得有问题。

"朗朗，不是自己的东西不要随便拿，这样，失主会很着急的。再说，你这样乱拿别人东西的行为也是不道德的。以前，你曾拿过别人的东西，这些老师都知道，你说对吗？"

"是的，我只拿过别人的本子、卷子，没拿过其他东西。"天啦，他又招了，这样的结局可不是我想看到的。

"你为什么要拿别人的东西呢？"

"因为我的东西有时也不见了，所以我就拿别人的东西。"原来他这是在报复。针对这种情况，我给朗朗讲了雷锋为人民服务不图报酬的故事，讲了列宁诚实的故事。他表示自己从今以后不再做这样不光彩的事，争取为同学多做好事，将功补过。

他是这样说的，也是这样做的。有一次，他在路上捡到了 30 元钱，毫不犹豫地交给了老师。现在，朗朗还一直爱读雷锋的故事呢，看来名人的事迹是最具有感染力的！

是啊，教育不仅是一门科学，而且是一门艺术。因此，教师要掌握这门艺术，像雕塑家一样，对每个学生精雕细刻，注意学生的个别差异，采取学生能够接受的方式，做到"一把钥匙开一把锁"。有时，教师几句及时的评价，会影响学生一生。教师千万不可一时失言砸伤了学生，三分含情，七分叙理，是教育成功的秘诀！

呵护敏感而细腻的心灵

龚燕斌

这节课是晨会课。由于学期已接近尾声,我便在班里进行期末小结,让孩子回顾一个学期以来的得失与优缺点。

我启发孩子:"你可以向大家讲一讲你这个学期的收获,也可以实事求是地分析一下自己在哪些方面做得好的,哪些方面做得不够好?这样的交流能让我们取长补短,也能让我们找到今后努力的方向。"

虽然才三年级,孩子们却个个神情严肃,每个人都在细细地思考着。不一会儿,有小手举起来了,这是平时课堂上举手很积极的几位,我知道他们很乐意向大家表达自己的想法。

刚想请一个举手的同学,可转念一想,我也该听听其他孩子的想法,便叫起了一位不举手的中等生云云。这是一个平时不大惹眼的小男孩,没有很突出的表现。云云站起来了,小脸涨得红红的,不知该怎么说,于是我给他起了个头:"一个学期来,我做得最好的是——",半晌,他开始说了:"一个学期来,我的缺点是:上课不专心,有时要做小动作,字写得也不怎么好。"他嗫嚅着说完,尴尬地坐下了。真是一个不大自信的孩子,连一个优点都没说!于是,我微笑着对大家说:"云云很谦虚,他把自己的缺点毫不掩饰地讲给大家听,老师看到了一个有上进心的孩子,他多想改掉自己的缺点呀!"

话语刚落,就有小手举起来说:"还有,还有!"此时的云云显得有点忐忑不安。我猜:肯定有孩子想补充他的优点,于是顺水推舟叫起了一个同学。可没想这个同学却说:"云云有时候下课要骂人。"没想到竟是告状的,我有些尴尬。"老师,我也想说!"另一个同学的手都快举到了我的脸上。我也把他叫了起来,希望他的发言能缓和此时的气氛。"云云还有缺点就是他上课的时候不大举手。""我觉得云云有一个优点:他跑步跑起来很快的。"终于有人说他的优点了,可他接下去说:"不过他有时候手放在抽屉里不知道在干什么。"这是他的同桌,平时接触得较多,连这小小的细节都看得很清楚。

此时的云云在同学们一连串的"缺点"攻击下更加惶恐不安。我顺着同桌的话说:"是啊,云云是我班的跑步健将,他代表我们全班参加运动会,为我班争了光呢! 大家忘了吗? 云云有很多优点呢! 看谁的小眼睛厉害,能发现云云的优点和长处。"这时,我发现云云偷偷地用手抹着双眼,我想:他的心现在一定是波涛汹涌,何不借此机会扬起他自信的风帆呢?

在我有意识的引导下,同学们开始你一言我一语说起了他的优点:"云云他很热心的,有一次我的橡皮掉了,他把自己的橡皮借给我了。"

"他很关心集体的,版面上的字都是他回家打的。"

我插上一言说:"小朋友,请给老师一个说的机会好不好? 我觉得云云对老师很有礼貌,无论在哪个地方碰到老师,他总会向老师问好的。"

大家听了都点点头说:"是的!"

这时的云云已经扑在课桌上哭了起来,同学们则静静地看着他,眼眶也都有点潮了。

这时,我语重心长地说:"无论谁,包括老师,都不是十全十美的,有优点,有缺点,有长处,有短处。指出短处和缺点可以帮助一个人成长,发现优点和长处能让别人向你学习,我们要一分为二地看别人,同时也要正视自己的优缺点,老师也希望小朋友能给老师提出批评,让老师和小朋友一起进步,好不好?"

"好!"孩子们的回答响彻云霄。

以前,我也进行过这类的小结,往往是针对缺点,然后说一些要改正缺点之类的话,学生受触动的不多。这次短短的几分钟胜过了无数苍白的说教,真是事半功倍。我想:以理服人,以情动人,才能收到良好的效果。

陶行知先生曾说:"您不可轻视小孩子的情感!"小孩子"人小心不小,您若小看小孩子,便比小孩还要小"。孩子脆弱的心需要呵护和理解,当教师懂得用爱去呵护孩子的心灵,便有惊人的奇迹出现:师生立刻成为朋友,学校立刻成为乐园。当然,作为教师,也要有一双敏锐的眼睛,一颗敏感的心,去发现和捕捉教育的时机。使"此时、此地、此景、此物、此人、此事"教育人、感动人,达到"动情"的巅峰,那才是最高明的教育!

我们也要像陶行知先生那样,忘了自己的年纪,变成个十足的小孩子,加入到小孩子的队伍中,怀着一颗童心,用孩子的眼光看待他们的所作所为,用孩子的心灵揣摩他们的内心世界,怀着一颗爱心,对待孩子身上的不足和缺点,使每一个学生都真正从心底接受老师,喜爱老师。

让我们用童心来善待孩子吧,呵护孩子的心,从内心深处做孩子的良师益友!

爱 的 彩 虹

顾琳钰

教师,是个平凡却特殊的职业。教师没有任何特权,也没有任何超能力,站在三尺讲台上,却能为一代又一代的孩子带去知识,教他们懂得道理,成为他们人生刚起航时的引路灯。教师的一言一行,对孩子的影响都是极其深远的。作为教师,我们不仅仅只是传授知识,更应该用我们的爱,关注每一个细节,去感染孩子,引领孩子。孩子的成长过程必然有挫折,有眼泪,我们要做的,就是在风雨之后,能为孩子们画出灿烂的彩虹。

作为一名职初教师,步入工作岗位才一个学期,虽然还没有很多的教育教学经验,但在这短暂的时间里,却经历了许多让我难忘的事情,也让我不断地思考:如何才能成长为一名好老师?

在我执教的班级,有个很内向的姑娘小婷,她学习成绩非常不理想,还常常忘带作业。我对她几番提醒,却不见效,我忍不住狠狠地批评了她:"有哪个女孩子像你这样丢三落四,对学习这么不上心的!"面对我的指责,小婷始终低着头,一言不发,这使我更加恼火,难道她一点也没认识到自己的错误吗?

这天,小婷又没交作业,我立马生气地批评道:"又是你,整天不带作业,还来上什么课?"只见小婷胆怯地瞟了我一眼,欲言又止,又低下了头。

那天晚上,我收到一条短信,是小婷同桌的家长,她告诉我说是自己孩子不小心把小婷的2号本放在了书包里,到现在才发现。我岂不是冤枉小婷了?小婷大眼睛里泪汪汪的那个瞬间闪现在我的脑海中,我的心一紧。

后来,我又向班主任了解到,原来小婷是离异家庭,父母都不在身边,因此养成了如此内向的性格。照顾她的奶奶无法辅导她功课,所以成绩一直跟不上。

我不禁反思自己:小婷因为家庭原因,一定没有享受到其他孩子那样快乐的童年,相反,她一定经历了不少风雨吧。作为老师,我非但没有去了解他,关心她,让她感受到校园生活的色彩斑斓,还对她进行指责,岂不是雪上加霜?亏我还自认为是个负责的老师,原来我遇到问题只会简单地指责、说教,丝毫没有站在学生的立场,了解他们的难处,为他们考虑,我真是太过分了!

第二天,我找来小婷,搂着她,语气放缓,为昨天错怪了她的事向她道歉。随后,我耐心地教她如何有条理地整理作业袋;课堂上,我总会把我的一部分注意力放在小婷身上,给她创造参与课堂的机会;课后,我悄悄找来她周围的同学,嘱咐他们多多帮助小婷,多与她交流。渐渐地,小婷变得开朗了许多,学习上也有了进步。我也倍感欣慰,我终于用自己的实际行动,为这个孩子的生活画出了一道彩虹。

小婷这件事对我的震撼很大,在那之后,我开始更加关注班内孩子们的内心想法。如果某个孩子上课精神状态不好,我不会像以前那样厉声批评,而是在课堂上提醒一下,课后再去深入了解,为学生考虑:"是不是身体不舒服了?还是昨晚作业做得晚了,导致睡眠不足?"有时孩子学习成绩出现了退步,我也不再像以前那样,直接把错误归结于孩子的学习态度不好,打电话给家长"告状",而是先与孩子沟通:"最近的学习有哪些地方没有搞懂?是不是生活上有什么事耽误了学习?"这样的关爱,并不是溺爱,而是真正站在学生角度,为每个孩子着想。渐渐地,我发现原来那些调皮的孩子也并不是那么讨厌了。真正走近他们,就能发现他们身上的闪光点,只要我们有足够的耐心和爱心去对待孩子,一定能促进他们的进步。

著名教育学家陶行知先生曾说过:"真教育是心心相印的活动。"是啊,只有真心实意地参与到学生的生活中去,放下教师的架子,与他们真诚地沟通,切身为他们着想,才能真正地为孩子们画出爱的彩虹。在今后的漫漫教育路上,我会不忘初心,做一名用爱温暖孩子的好老师。

不求做名师
用心做明师
有明师崇德尚礼
用爱浇灌学生心田

落 选 之 后

金　萍

最近,在整理抽屉时,偶尔翻到了以前学生小许的一篇作文《老师,我想说一声谢谢您》。细细读来,几年前的往事还历历在目。

当时小许是三年级学生,她不仅学习成绩优秀,而且工作能力强,一直担任班长,是我的得力助手。但随着时间的推移,同学们对她的工作态度、为人处事有些不满。大家反映"她很凶""她总要别人听她的话"——其实,我也有所察觉,但总认为小干部需要树立威信,不能多批评。可后来,居然发展到一些任课老师也有类似的反映,都说这个小姑娘"不得了""傲得很",我觉得不能再袖手旁观,任其发展了。

于是,我找她谈话,希望她能改变工作方法,改善与同学之间的关系,告诉她只有谦虚才能进步,只有善解人意才会有更多的朋友。但是,我的苦口婆心效果不大,她仍是我行我素。

几天后,适逢班中干部改选,由同学们无记名投票推荐干部,小许落选了。当时,她神情十分沮丧,企盼的目光不时投向我,她多么希望老师能帮她一把。我除了对新当选的小干部表示祝贺外,并没有再说什么。选举结束后,小许哭了,哭得很伤心,对此我采取了冷处理的方法,有意不出面开导,让她好好反省。

过了一段时间,见小许的态度趋于平和,我才找她做了一次长谈。我牵着她的小手走进了办公室。坐下片刻,我便直入主题:"小许,老师知道你有一颗为班级服务的心,对工作也很认真,那么这次干部改选你为什么会落选？老师想听听你的想法。"

"我觉得现在大家都很疏远我，在班中我说什么他们都不配合，有的同学根本就不理我……我是很愿意为班级为大家服务的……"说到这里，小许低下了头，一脸的难过。

我不由得抚摸着她的头，继续问道："那你知道为什么同学会疏远你，有的甚至不理你，这段时间你想过吗？"

"我……我可能平时做事缺少耐心，对大家太凶了。"

看到小许已经找到问题的根源时，我心里一阵欣慰，接过她的话头："小许，老师真高兴你能在落选时寻找自身的原因。你要记住：一个能够与同伴打成一片的班干部才能获得更多同伴的支持和信任，才能够在同伴中树立威信、拥有威信。如果你总是一副高高在上的样子，即使各方面都很优秀，有一颗为大家服务的热心，你也得不到大家的认同。同学们怎么会和你交朋友呢？"

随后，我又鼓励她："不要气馁，继续发挥自己的长处，热心帮助同学，以心换心，相信你仍会受到大家的欢迎。"

在接下来的日子里，我发现她慢慢地醒悟，针对自己的缺点默默地改正。我欣喜地看着这一切，看着小许又回来了，回到了同学们中间。

更让我感动的，是小许情真意切的作文，字字句句尽是成熟和感恩……

在学校里，像小许这样因长期受老师喜爱而滋生"骄气"的干部不少，因为我们有时会偏心小干部，总想着为他们树立威信，没想到久而久之潜移默化地滋长了他们的傲气和专横。我们要精心培育班干部，给他们一份更深层和更理智的"大爱"。

孩子，你慢慢来

陆嫣红

又迎来了一批一年级新生。刚开始，有个女孩——小毅常常得到我的表扬，因为她很乖，守纪律，上课坐得很端正。但渐渐地，我发现她上课时从不举手，点名叫她发言，她一个字一个拼音也不识，甚至连5以内的加减法都不会，更严重的是她听不懂老师的话，理解和表达能力严重缺失。

通过了解，我得知小毅的父母离异，她从小由七十多岁的外公外婆带大。妈妈虽然在身边，但从不教导教育孩子，每天最多接孩子放学，给孩子洗澡。孩子长期只与老人交流，思维迟缓，动作拖沓，语言理解水平很低。

孩子的状况很特殊，我对她更多了一份同情和宽容。每天上学，我注意观察她的精神状态。平时上课尽量多请她发言，哪怕是简单的模仿，也让她多一点说话的机会。因为孩子听不懂，所以我几乎每天接到孩子外公的电话询问回家的口头作业时，总是耐心回答。

作为一个班主任，我觉得有必要与孩子的妈妈沟通一下，希望她多和孩子交流。可让我没有想到的是，小毅的妈妈拒绝接我的电话；放学时在校门口等她，她竟然见我就逃；实在逃不过了，就当着孩子与外公的面直接说她不要这个孩子，当初是外公外婆要求把孩子生下来的，所以现在孩子就归外公外婆管。当时我目瞪口呆，天底下竟然真有这样的母亲。更可怕的是孩子和外公听了这话以后竟"咯咯咯"地直笑，我的心情无法言喻。

孩子的家庭我无力改变,但我可以在学校多关心孩子,多问问她近期的生活情况;孩子的学习很困难,我对她降低要求。我在心里对她说:孩子,你慢慢来! 上课时,多让小毅回答她力所能及的问题;做作业时,多给她一点时间;有困难时,请小朋友帮帮她;表现好时,及时表扬她。

二年级了,小毅仍不愿意动脑筋,惰性也愈发显现出来。我再次与老人沟通,告诉他们孩子是要疼爱,但不要溺爱;孩子是要教育,但不要包庇;该批评的时候就得批评,不能因为觉得她可怜而疏于管教,学习上一定要端正态度,否则将害了她一生。这次谈话以后,我觉得收到了较好的效果,孩子两次做小练习都合格了,真不容易啊!

随着年级的上升,学习的知识难度加深,我知道这个孩子在学习上会更加困难。但不管如何,我会凭着一份责任心、一份爱心尽力教她知识,教她做人,让她也和其他孩子一样快乐地成长。

孩子,你慢慢来,但一定不要停下你前进的脚步。

做孩子的守护者

马永晖

从小到大,"教师是辛勤的园丁,孩子是祖国的花朵"这句话早已铭记在心。如今,身为一个光荣的人民教师,回忆这些年工作中的点点滴滴,再重温此言,我倍感温暖、亲切与荣幸。做孩子的守护者,是教师的责任。

如今的孩子大多被溺爱,娇惯成性,心灵都比较脆弱,稍有小挫折小打击,心灵便会蒙上阴影,产生萎靡不振、不思进取、情绪低落等现象,有的孩子甚至会破罐子破摔走向极端。因此,守护孩子的心灵显得尤其重要。

小文同学从小体弱多病,身体瘦弱,三岁时便动了大手术。由于他记忆力和认知能力薄弱,平时成绩一直处于后进。

一天的数学课上,当他再次把长方形的周长计算公式说成是"长乘宽"时,同学们哄堂大笑,有的甚至还流露出鄙视的神情。调皮的小豪喊叫着:"啊,你昨天也这么说,今天还错啊?""对的,对的……"大家七嘴八舌地开始议论,本来性格内向的小文,此时更加显得坐立不安,他无奈地看着大家,脸一下子涨红了,头更低了……

教学秩序被打乱,教室里瞬间显得有些乱。怎么办?怎么办?不能让成长的幼苗遭受"摧残"和"攻击",我示意大家保持安静,语重心长地对大家说:"小文同学平时不经常举手发言,今天能够积极主动举手,说明他对这个知识点有足够的信心。刚才一时紧张说错了,大家能嘲笑他吗？更何况他毕竟还说对了一个完整的计算公式,这正是他进步的开始,你们说是吗？难道你们回答问题从来都没有出过错吗？此时此刻,他更需要大家的帮助和鼓励啊!"

我一边说,一边走下讲台,来到小文身边,微笑着安慰道:"小文,刚才你把公式张冠李戴了,长方形的面积公式和周长公式正联合起来向你挑战呢,你要加油努力噢!……"

同学们顿时不吭声了,之前那几个调皮的孩子也觉得难为情。小文缓缓地抬起头,脸上显出微微的笑意。

这件事虽小,但对小文的成长起到了巨大的作用。看得出,在后来的学习中他更加努力自信,上课开始积极主动发言,课后还会带着疑惑,主动请教老师和同伴,在本学期的期终练习中取得了很大的进步。

对学生要心中有爱,把每一个学生看作自己的孩子,不但要关心他们的学习,而且要关心他们的身体,关心他们的生活,关注他们的心灵,帮助解决学生学习和生活中的困难。班中只要有学生生病了,我当晚都会及时发短信慰问,劝慰其静心养病,好好休息,告诉家长耽误的功课老师会帮孩子补上的,不用担心;学生的基础知识薄弱,我时常放弃自己的休息时间,主动地为他们查漏补缺;学生之间闹小矛盾了,出现了不团结不和谐的现象,我会给予调解和疏导……不过,如今的孩子已不再如我工作初期那般对老师言听计从,他们大多从小娇生惯养,养成了任性、淘气、蛮横的坏脾气,这也给我日常的教育教学的工作带来了不少困难。不过,我坚信只要自己用"关心"来呵护,用"关爱"来安抚,孩子也是能感受到的。

虽然有些孩子在成长的进程中时常会出现反复,令人烦恼不已,酸、甜、苦、辣,样样滋味皆在其中,虽然自己的工作不够尽善尽美,但是我对他们的爱丝毫没有减弱过。做孩子的守护者,是我的教育理想。我将更加努力,以最大的热情投入到每天的教育工作中去。

不求做名师
用心做明师
有明师崇德尚礼
用爱浇灌学生心田

静 待 花 开

王 飞

记得那是一次室外的体育课，我正跟同学们做热身小游戏，"老师！"一声尖锐的叫喊突然从队伍中传出。我转过头，只见一个小女孩已哭成了泪人。"怎么啦？怎么摔倒了，快告诉老师！"她伤心地小声哭着说："刚才在慢跑时被他撞倒了，脚很痛。"顺着她的目光，我回头就看见了班上的小胖，脸红红的，一直躲避我的眼光。我赶快检查了她的脚踝，并无大碍，便安慰她："没事儿，别害怕，晚上用冰块敷一下，明天就会好啦，不哭了，好吗？"说完，我对着她笑了笑，她也擦干了眼泪。

就在这时，几个孩子拉拉扯扯地把他——小胖，拽到我跟前，向我告状："老师，是他碰的！他做游戏时故意捣乱，乱碰其他同学。"我把其他同学劝回了队伍，用双手轻轻地拉过小胖的小手，让他靠我更近些，并摸了摸他的头，对他说道："怎么是你呀？长得虎头虎脑的，这么可爱！老师希望你上课活动表现得乖一些，能做到吗？"话说到这里，我发现他眼睛里有一丝亮光，嘴角露出了羞涩的笑容。

从那以后，还是会有小朋友来告他状，而我也总会抚摸一下他的头，笑着问他为什么这么做，他总是露出腼腆的笑容，也不说话。反复经过几次之后，终于在一次犯了错误后，他主动走到我面前说："老师，我下次不会了，不会在课堂上捣乱了。"也许他是从我的眼神中看到了一丝怒意，或看到了一丝失望。我对着他笑了笑说道："老师相信你会做得更好。"从那以后，我很少再听到有他的"小报告"。而且，他上体育课也愈发用心,总见他满头大汗的样子,更见到他那开心的模样。

　　每一个孩子的成长都需要我们足够的耐心,需要我们的一次次微笑,一句句不是很严厉的劝诫。静待花开,等待孩子们的成长,尽管对于有些孩子来说,成长的过程可能需要更多的时间。放慢爱的脚步,用我们的真诚、宽容、耐心,学会等待,在等待中守候花开。

　　教育是一个等待的过程,而等待也是一个教育的过程,在等待中付出必然能在等待中收获。种子会慢慢地发芽,花儿会悄悄地开放,我会静静地等待……

不求做名师
用心做明师
有明师崇德尚礼
用爱浇灌学生心田

点 石 成 金

金 云

"青春艺华彩排结束,请老师带着学生去休息。"广播里传来总导演的通知。

青春艺华是以宝山区学校艺术教育成果为专题的展演,自 2003 年起已历经了 15 个年头。

听到彩排结束的号令,我正想带着孩子们休息,突然一阵叫喊声让我停住了脚步。回头一看,只见一个男孩朝我飞奔过来,边跑边兴奋地挥手喊着:"金老师,金老师……"原来是去年毕业的学生小唐。

他一下子冲到我面前:"金老师,你们是来参加排练的吗? 我也是来参加青春艺华表演的。"我摸了摸他的头,说:"你长高了,长得很帅气嘛! 这次你要表演什么节目?""嗯! 经过上次的校园情景剧比赛,现在我喜欢上艺术表演了! 这次我主动报名参加集体舞演出!"我望着眼前这充满自信的阳光男孩,不禁想起去年的校园情景剧比赛。那次比赛为了让演出更具有上海特色,需要会说上海话的孩子来表演。可在校园内进行了初次选拔后,我失望地发现表演不错的学生都不会讲上海话,临时学起来口音也不像啊! 怎么办?

这时,编剧葛老师拉着一个学生走了过来:"金老师,这个学生上海话说得老灵格! 你看看行不行?"我一打量,这学生个子高高的,脸圆圆的,稍加打扮的话还蛮适合剧本里的"王伯伯"。再请他用上海话说了几句台词,相当正宗的发音让我顿时有了柳暗花明的感觉。

然而,当我兴奋地邀请他参加情景剧排练时,他的头居然摇得像拨浪鼓一样:"金老师,不行! 我不会表演的,我肯定不行的! 我从来都没上过台!"他一连说了三个"不",仿佛表演对他来说是件可怕的事。

可是,这么一棵好苗子就这样放弃,实在太可惜了。我努力说服他:"你没试过,怎么知道自己不行呢?"见他低头不语,我又说:"不会表演,没关系的,老师会教你的! 你先试试看,行吗?"

犹豫了片刻,他终于微微点了点头:"那好吧,我先试试看!"

第一次排练,果然像自己说的那样,他一点儿都不会表演,动作僵硬、神态拘谨,毫无舞台感。排练结束后,他沮丧地对我说:"金老师,我真的不行,您还是换个人吧!"

"这只是第一次排练呀! 第一次排练主要是让大家熟悉台词。你看,你都把台词背出来了,已经很好地完成任务了。"我拍了拍他的肩膀,极力安慰他,"至于表演,老师会一点一点教你的。你别着急,咱们慢慢来。"

听了我的话,他总算又对自己有了点信心,暂时打消了退出的念头。

随着排练的深入,我发现他身上带着股认真执着的劲儿,每次排练都是最早来、最晚走。他不仅把自己的片段练了一遍又一遍,而且别的同学练习时他也默默地在旁边认真观看揣摩。渐渐地,他进入了表演的状态,感觉越来越好。比赛这天,他在舞台上表现得极其自信,精彩的表演赢得了观众们的掌声与笑声!

那个曾经害怕表演的小男孩,就是小唐。真没想到,现在的他,居然会主动报名参加表演。

临分别前,小唐由衷地对我说:"谢谢您,金老师。如果没有您给我的第一次机会,我可能永远都没有勇气站上舞台,永远都不会享受到表演的乐趣!"

望着他焕发着光彩的脸庞和灵动的双眼,这一刻,我深深感受到为人师者的自豪与喜悦。对孩子的教育,不要吝啬我们的肯定和鼓励,由衷的肯定、诚恳的鼓励带给孩子的是暖意,是成就感,是自信心。也许教师本身就是点石成金的魔法师,在给孩子自信心的同时,会催生出一个个人才,创造出一个个奇迹!

不求做名师
用心做明师
有明师崇德尚礼
用爱浇灌学生心田

相信滴水穿石的力量

范金花

小王，个性倔强，内向又敏感，不管什么事，都有自己"独特"的见解，丝毫听不进别人的任何意见。他不愿和同学多交往，易怒，一旦不开心，就会动手打周边的同学，渐渐地，同学也对他敬而远之。这样的结果越发导致他的思想偏激，上课亦是似听非听，作业爱做不做。

一次期中练习结束，监考老师跟我反映，当全班的同学都在认真做题目的时候，小王却仰天斜靠在椅子上，一副淡定从容的样子，而桌上正静静地躺着他的考卷，卷面干净无比——仍是白卷一张。当时我这个刚接班才两月的班主任，一下子意识到小王的问题已经到了非常严重的地步。小王的固执也是超出了平时的状态，无论哪个老师劝他，他就是不想做，不愿意做。他说的一句话更是令我震惊："我家最聪明的就是电脑。天上为什么不掉下块石头，把我们都砸死得了，活着也没意思。"虽然在花费两节课时间做思想工作后，小王终于补写了考卷，但是我的内心还是被这个才九岁的孩子说出的话深深震撼了。

第二天，我和语文朱老师一起进行了家访。原来，小王并不是跟父母一起居住，而是从小跟随爷爷奶奶生活。小王的妈妈没有自理能力，连辨人都有困难，更不用说带孩子了。小王的爸爸和爷爷都是残疾人，生活也有诸多不便。从小，小王就是由健康的奶奶一手带大，而照顾他生活的奶奶，却无暇顾及小王的身心发展，致使小王的问题越来越严重，现在到了连奶奶也无法管束的地步。

　　家访回来的路上,我的心情格外沉重,本来是想通过和家长的沟通一起来解决问题,没想到他的家庭就是问题的来源。怎么疏导一个在这样环境下成长的孩子的心理呢?

　　回想刚接班的时候,在简单了解了小王的家庭情况后,我对他更多的是心疼。我采取了表扬和奖励的方式,鼓励他积极面对生活。但是现在看来,这样的方法远远敌不过他常年积累起来的无奈、压抑,赶不上他敏感而又"倔强"的情绪变化。

　　对于这样一个特殊的孩子,不仅要表扬和奖励,还要付出更多的关爱,需要用更多的时间去了解他的内心世界,能和他在情感上进行交流,进而才能真正走进孩子的心灵。

　　我利用课余时间与小王沟通,了解他的想法与感受,只有知道了他的所思所想,才能及时关心和引导他。他也从起先的抵触,到逐渐能跟我说说心里的想法。我觉得他不再排斥我,慢慢能接受我了。

　　我经常在网上找一些非常励志的人文故事,让他看后说说感受,鼓励他积极面对自己的家庭、自己的人生。我想让他懂得,他的未来是可以由他选择、由他做主的。我更尝试慢慢引导他,读书不是为了别人,而是为了自己,为了自己美好的未来。我在班级里安排了一些他力所能及的小岗位,让他也来为班级建设出一份力,让他实实在在地体会到他的存在和其他同学一样重要,促使他尽快融入集体中。

　　现在的小王,的确有了些许改变。虽然离我的目标还有些距离,但我相信滴水穿石的力量,也会继续不懈地努力,让发自内心的笑容在小王的脸上洋溢着,让他由衷地感受到生命的美好,生活的希望!

把爱洒向每一个孩子

周瑾芳

赞可夫说过：当教师必不可少的，甚至几乎是最主要的品质就是热爱儿童。热爱学生是做好教育工作的前提和起点。教师对学生的爱是师生心灵之间的一条通道，是开启学生心智的钥匙。

在我任教的班上有这样一个特殊的学生——元元。在开学的第一堂课上，当别的同学都在认真听讲、积极举手发言时，他却一个人呆呆地坐在角落里。我向他提问时，他只是用呆滞的目光看了我一下，什么话都没有说。有同学告诉我："他上课从不回答问题，回家作业也不做。"我还是第一次碰到这么特殊的学生，有些不知所措。于是在课后我了解了他的一些情况：他患有自闭症，因此很少与别人交流，有时候甚至一天都不开口，完全把自己封闭起来。

不久，我们进行了第一次单元练习。元元合格了，我有些纳闷，他平时几乎不做作业，上课也不认真听讲，居然考试会合格。我试着与他交谈："元元，你回家有没有背单词？""……"他用含糊不清的声音嘟哝着。"元元，你能单元测试合格，下次要争取再提高正确率。"他若有所思地点点头。

一个星期后的中午，我正好去教室布置作业。在走廊上我听见元元叫了一声，"周老师好！"我有些惊讶，这几个月中，我还是第一次从他口中听到一句完整的句子。难道是因为那次不经意的鼓励吗？

我想起了马卡连科的那句话："教师的心应该充满着每一个与之打

交道的具体的孩子的爱。"人们常说教师要胸怀宽广,把爱献给全体学生。在同一班级中,学生由于来自不同的家庭,其表现也不尽相同,但他们都渴望得到老师的爱,这一点是相同的。教师要把爱洒向每一个学生,不但要爱成绩好的"金凤凰",也要爱表现一般,甚至是行规差的"丑小鸭"。像元元这样心理上存在障碍的学生,教师更要给予他们爱与鼓励。

在期末考试中,元元取得了"良"的成绩。虽然对别人来说这个英语成绩并不值得骄傲,但对元元来说是来之不易的。我把他带到了办公室,鼓励道:"元元,你真棒!短短两个多月,你的进步那么显著,这本日记本是老师对你的努力和取得进步的奖励哟!"虽然小小一本日记本并不值多少钱,但对他来说,这是一份肯定,一份鼓励,一份信心。

从那以后,每当他取得进步,我都会给予鼓励——"元元,你进步了!""元元,你表现得真好!""元元,加油!""元元,你能行!"

在接下来的每次练习中,我发现只要他能完成的题目,正确率都很高。扣分的原因是有部分题目来不及完成。于是我注意观察他写字的情况。他的书写速度比较慢,一个字母常常写了又擦,擦了又写。我问他原因,他含糊不清地回答:"写得不好。"我引导他:"元元,你的字已经写得很端正了。你看,每次练习你都不能完成所有题目,是因为你的速度太慢了,所以要提高你的写字速度,这样你会取得更好的成绩。"以后,每次练习时,我总是会提醒他动作要快,渐渐地,他写字的速度加快了。最后,不用我的提醒,每次练习他都能完成全部试题,正确率也越来越高,有时候甚至可以达到"优秀"。

他已经开始做回家作业,虽然不能像其他同学那样每天按时交,但比起一开始的从不交作业还是有了很大进步,上课时也愿意读读单词或和同桌练练对话。

在面临着毕业的关键时刻,我与元元进行了一次促膝谈心:"元元,马上就要进入初中了,想不想给自己的小学学习生涯画一个圆满的句号呢?"他使劲地点了点头。"那么,在小学阶段的最后一个多月,老师希望你能在全班面前展示和同桌练习的对话,还希望你能每天按时上交作业,这样才是一个合格的小学毕业生。老师相信你一定能做到,对吗,元元?"思想上的交流,情感上的沟通,学习上的指导,推动着元元,他成功了——在区质量调研中,他成绩优秀,毕业考成绩良好。

一分耕耘,一分收获。三年的实践使我逐步积累了如何教育特殊生,如何提高特殊儿童学习成绩的经验。把爱洒向每一个孩子,我要加强对这些弱势群体的关爱和呵护,让他们在同一片蓝天下尽情享受人间最美好的真情。

"看着我的眼睛"

吴 华

他第一次出现在我的体育课上，眼神有些呆呆的，身旁的老人不时跟他轻声耳语。作为一个新接班的体育教师，我满心疑惑。

不容我多想，马上整队。他由奶奶带着排在最后，步态歪歪扭扭的。宣布上课后，我布置了第一项任务：排成四列横队。因为场地上有事先画好的标识点，所以孩子们练习几遍后就基本掌握了，除了他。他无助地看着旁边的老人。我走上前扶住他肩膀："小朋友，你叫什么名字啊？"

他侧过身子，并不正眼看我。我又扳正他的身体："胆子大点，告诉老师，你叫什么名字？你的位置在哪里呀？"

他仍然一言不发，只是双手不停地来回搓着。这不禁让我有些尴尬，正在这时，旁边的学生告诉我："老师，他从来不说话的。"

"他是自闭症。"

"他是由奶奶教的。"

……

听到这样的回答，我吓了一跳，心里直犯嘀咕：自闭症？这种学生可怎么教啊！

无奈中，我请一个学生拉着他的手帮助他就位。接下来的上课内容他也是在别人帮助下完成的，可是他好像并不太配合。课后我想和他单独谈谈，可他只是鹦鹉学舌般一味重复我的话。

　　最后我还是从那位老人——他的奶奶口中得知了这孩子的情况。他叫小秦,因两岁时还不会讲话,父母就带他去检查,意外地发现他患有心理自闭症。他曾在培智学校学习,由于他的自闭程度尚属轻度,较为适合随班就读,所以被推荐到我校上学。

　　作为教师,同时作为一个母亲,得知小秦的情况后,我百感交集。我是个体育教师,深知片面注重身体锻炼的体育观早已落伍。近年来体育教学树立"健康第一"的思想,倡导"以学生发展为本",旨在使每个学生能通过良好的体育教育,实现身体、心理、适应能力的全面发展。小秦是我的学生,既然他来到我的课堂,我就要让他在体育锻炼中得到成长,包括心理健康、适应能力方面的发展。

　　在课堂上,他为什么总不理我,甚至从不正眼看我呢? 通过资料查询,我才知道,自闭症儿童被称为"星星的孩子",他们将自己封闭在自己的世界里。跟他们的交流要从注视开始,一定要和孩子对视,用眼睛传达感情,即便他眼神游离,也要尽量与他做眼神交流,并且要持续不断地用语言进行刺激。

　　从此以后,在给他所在的班级上课时,不管是口令还是动作讲解,我的眼神总是不时捕捉他的目光。一旦和他对上眼了,赶紧给他一个微笑。我暗暗告诫自己,出现在他面前时,一定要微笑,甚至连眼神中都要带着微笑。

　　和他面对面时,我这个女汉子更是成了"话痨"。我靠近他,蹲下来,拉着他的手,看着他的眼睛:"来,小秦,看着我的眼睛,听我说……"我总是这样开口。

　　目前学校里教学的第三套全国小学生广播体操动作很复杂,大部分孩子学起来都很费劲,对他而言更是难上加难。我从不勉强他学。我发现越是这样,他越是有兴趣依样画葫芦。要是比画对了,我冲他竖一个大拇指;比画错了,他有些尴尬,我就过去摸摸他脑袋:"看着我的眼睛,听我说——没事儿,放松!"

"星星的孩子"往往动作缺乏变化,即便是做游戏也玩法单调。所以在指导他的肢体动作时,我特别注意通过训练游戏化、动作多样化来反复不断地刺激他。比如在学习立定跳远时,我教他如何用矮子走、兔子跳和"高人——矮人——超人"等方法来学习。

起初,他不跟我说话,看见我总是害羞似的别过脸去。我一如既往地拉着他:"来,看着我的眼睛,听我说——我叫 Vivian,是你的体育老师。"

一开始,他很少参与团体游戏,由奶奶带着做"旁听生",或者只和某一个小朋友一起玩。一次做游戏的时候,他不肯拉小朋友的手,我走过去轻轻拉起他的手,他没抗拒。然后我们一起做游戏,慢慢地,我把他的手放在其他小朋友的手上。他疑惑地看着我,我给他一个鼓励的微笑。他迟疑地握住了别人的手继续进行游戏。从那以后,有了我的陪伴,他越来越多地参与团体游戏。

三个月后,他与我交流时有了很大进步,我的提问能得到他的回应了。虽然他还是经常找不到队伍中的位置,虽然还是从不主动跟我打招呼,但是与我交谈时他眼神生动了,有脸部表情了,教他的学习内容他也能理解了。

几年后的一天,我在菜场看见他和爸爸正在买菜。我冲他笑一笑,招招手。他看了看我,没说什么,倒是他爸爸跟我聊了几句。当我继续往前走时,他突然跑到我面前,大声说:"Goodbye, Vivian!"然后转身跑了回去,牵着他爸爸的手离开。

当时,站在熙熙攘攘的菜场走道里,我能感到热泪正在眼眶里打转。这个"星星的孩子"居然在大庭广众之下跟我打招呼!这一声问候,是对我最大的褒奖!谢谢你,我的孩子!

"飞虎班"的秘诀

黄红燕

我带的班有个特点——做事快,值日工作更是如此,十分钟左右便能将教室打扫得干干净净,而且物品摆放井然有序,因此被搭班笑称为"飞虎班"。

常有老师问我"飞虎班"动作迅速的秘诀是什么? 其实,这是几年来从小处着手,不断培养打下的基础。

班主任工作繁杂琐碎,作为一年级的班主任更是千头万绪,小至吃饭排队,大到班队活动,处处离不开班主任的指导。如何培养一年级的孩子尽快适应学校生活,养成良好的行为习惯呢? 我觉得作为班主任心中要有头绪,落实要注重细节。

走进我的一年级班级,你会看到教室墙上有序地贴着一些标签,这是我给孩子桌椅摆放的提示。刚接手一个新班,面对稚气的孩子,前两个月我不会安排他们扫地,而是不断地引导他们如何根据墙面上的标签把桌椅排整齐,告诉他们这是你的桌椅、地面,是你的负责范围,你得管理好,在潜移默化中培养他们的责任意识。

第二个月末尾,我会选择几个做事认真、有责任心的孩子,奖励他们以后和我一起扫地,并当场示范如何拿扫把、如何扫地、如何将垃圾扫进畚箕。对于孩子来说,这是很光荣的事情,不仅是被奖励的孩子,其他同学也都听得很仔细。

被奖励扫地的同学非常认真负责,当看到某个没被奖励的同学也偷偷拿着扫帚扫地，他们就觉得自己的荣誉受损了，会生气地来告状。我就认真地对那个未经允许就"擅自"扫地的孩子说："你现在还不能扫，你只能看，但不久就会选到你，我不会再教你们如何扫地，所以你看的时候得仔细。"孩子很可爱，虽然还不能在教室里扫，但他们憋足了劲儿，想等待着一鸣惊人的那一天，于是有的孩子回家后主动练习扫地。家长跟我说："第一次看到孩子那么卖力地干活。"

这样过了两周左右，我就开始实施卫生小岗位。我的小岗位设定比较细致，每个人干什么一目了然，这样避免了少做、敷衍的现象，有问题就可以直接找到负责的人，而且对于每个岗位我都会有细致要求，甚至打扫的步骤、物品摆放的位置都明确清晰。

一年级学生下午上完课离放学只有 10 分钟时间，靠学生自己根本不可能完成教室的打扫，而且学校有要求：低年级不留值日生，必须整班一起离校。所以，值日的扫尾工作基本由我来完成。时间再紧，我每次总会对值日情况进行点评，对于扫地速度有小小进步的及时表扬。其实一年级的孩子扫地并不干净，等他们离校后再补扫也是家常便饭，但是通过每天训练、每天点评，他们由一开始只来得及扫两排，到一个学期后一周里只有一两次需要我帮忙，其他时间都能做到地面打扫干净、桌椅排齐、整班放学，进步是非常快的。

当然，这个过程中也有拖后腿的"小尾巴"，因为看到老师会做后援，有的孩子过了新鲜期就学会了偷懒，小周就是其中一个。每次有同学或老师帮忙，他扫地速度就越来越慢，最后大家都扫完了，他才拿起扫把装模作样划拉几下，就等我说："你走吧，老师帮你。"没想到，有一天，我在点评时却说："小周因为拖拉没有完成属于他的任务，所以今天他必须留下来补扫。"至今还记得他当时惊诧的神情以及补扫时委屈的样子。那天，我静静地站在一旁看着他补扫。事后，我严肃地告诉他：

"这是你的责任,你不能推脱。"渐渐地,这种偷懒现象少了很多。

平时,我常用手机拍下班级管理中发现的一个个小问题:凌乱的课桌、歪斜的椅子、无人理睬的纸团、撒落在地的饭粒……在班会、午会课上进行教育,让孩子们来发表意见;我也会拍下一个个感人的画面:认真擦窗台的孩子、打扫后干净整洁的教室、捡起垃圾的同学……真实的画面最具有说服力,一次次潜移默化的引导,慢慢改变着孩子的行为。

教室卫生打扫其实是班主任日常管理工作中微不足道的事情,甚至上不了台面。但我想班主任工作不需要很多大道理、大理论,需要的是教育中的细致、认真、有序。由点到面,由此及彼,我们把一个个小细节想全了,考虑周到了,教育到位了,见微知著,教育也会顺很多。

小事不小,这就是"飞虎班"的秘诀。

小卡片有大"魔力"

魏金升

12 月的最后一天,又到了班级兑换积点卡的时候。兑换点排起了长队,孩子们拿着争章手册,凭着收集到的一枚枚礼仪章、心理章、思创章、勤学章换回一张张精美的积点卡。每个孩子都高高兴兴排在队伍里,细细数着自己这次可以换到几张卡。

镜头回到刚入学时。学期初班主任的工作本来就多,要做规矩,要讲常规,而且一年级的学生刚进入校园,对于一切都觉得那么新奇,什么都要去试试,意外事件层出不穷,再加上学生人数众多,作为新手班主任,我还真有点像无头苍蝇,不知所措。

一次课间,我匆匆从二楼走廊经过,看到小操场上有几个熟悉的身影在追逐打闹。又是我们班的孩子在调皮! 我疾步冲下楼梯,想把他们叫回教室好好批评一下。刚到楼下,突然一个念头闪过,让我不由得收住了脚步:刚入校的一年级小学生,偶尔的顽皮不是很正常吗? 若是这样气势汹汹地一番批评,除了让他们害怕老师,又能收到多少教育效果呢?

上课铃快响了,孩子们陆续进入了教室,我找了几个平时比较自觉的同学了解情况。原来,刚才一节是体育课,课上进行了"打地鼠"的游戏,下课了好多男孩子意犹未尽,在小操场继续又玩了起来。孩子的天性如此,可以理解,但作为班主任又该如何因势利导,指导他们养成课间文明休息的好习惯呢?

正思索着,铃响了,操场上顽皮打闹的孩子们满头大汗地跑回来,见我站在教室门口,一个个低着头溜到了座位上,都不敢正眼看我。我暗自好笑,心想:小的们,等着我的"处置"吧!

望着讲台上的礼仪章、积点卡,我灵机一动:发挥它们作用的时刻到了。这节正好是我的数学课,我打算抓住这次难得的机会,利用两分钟预备铃的时间对同学们进行一次集体教育。

结合日常表现,我点名请了几个学习上虽不出挑但课间能够自觉做到文明休息的同学起立,当着全班的面宣布这些同学每人可以获得这学期的第一张积点卡。班级里一下子炸开了锅:

"老师,我的班级章比奇奇多,我怎么没有积点卡?"

"老师,悦悦上课都不举手回答问题,为什么给他积点卡?"

"老师……"

我用手势请同学们安静下来,随即请了一个刚才在小操场打闹、额头上还在冒汗的同学来回答大家的疑问:"请你来说一说,他们为什么可以获得积点卡?"孩子们见我请他回答问题,顿时心里有了答案,纷纷举起了小手。

"老师,我错了,课间不应该在操场上打闹。"看似答非所问,但这不正是我要的结果嘛!

我顺势而为,继续说道:"今天我奖励这些同学,就是因为他们在课间懂得文明休息,给大家做了很好的榜样。每个人都要向他们学习!"

此刻,教室里响起了阵阵掌声……

我告诉学生:"我们满天星中队的队员都是一颗颗闪亮的星,每个队员都会发光发热,都有值得别人学习的闪光点。聪明的你要善于发现别人的闪光点,并向他学习,你就会进步,就有机会获得班级章,可以换积点卡!"

　　之后,班级中呈现出了积极向上的景象,每一份认真的作业、每一次自信的发言、每一趟细致的打扫、每一次热心的帮助都有机会获得属于自己的班级章,换取心仪的积点卡。

　　小小的卡片,为班级的经营带来了大大的"魔力",保护了每一个拥有"不同潜力"的孩子,让孩子们真正意识到了"我能行、我也可以、我能帮助你、我是快乐的"!

不求做名师
用心做明师
有明师崇德尚礼
用爱浇灌学生心田

谁 动 了 本 子

柏玉凤

教师工作,平凡而又伟大。繁琐、点滴,细致、深入,恰似点点入地、润物细无声的春雨,在潜移默化中引导教育学生。因此,教育工作的过程,必然是教师与学生之间情感交流的过程。

爱,是一种积极的情感,它可以使人精神愉快,给人以温暖和动力。宽容,是每一位学生都希望得到的精神雨露。用爱与宽容感染学生,教育学生,爱护每个学生,是教师义不容辞的职责。

一天下午,我准备把新练习簿发给学生时,发现原本包在一沓本子外面的塑料薄膜已被拆开,明显少了好几本本子。我脑子里随即闪出一个念头:本子被人拿掉了,是谁那么大胆子? 但转瞬之间,这个念头又马上被自己否定了:不会的,从事教育工作这么多年,从未发生过这样的事,兴许是阿姨搬进教室时掉落在书橱下了? 我弯下腰,又仔细地搜寻起来,期望能发现什么,但什么也没有。

"怎么回事?"我自言自语。

"老师,前几天有人拿过本子,有人还拿了两本。"一个勇敢的声音冒了出来。

我看了一眼那孩子,心想:一个班有40个学生,处理这类事往往是剪不断理还乱,稍有疏忽,便会产生不良的后果。而且,孩子是敏感的,老师的一句话、一个动作、一个表情,甚至一个眼神,在孩子眼中都是重要的信息,甚至可能对他的成长具有举足轻重的影响。

踌躇了一会儿,我定了定神,面带微笑望着大家。孩子们有的露出诧异的神色,有的与同桌小声嘀咕,有的低下头生怕被点到名,有的紧张得满脸通红,还有的满不在乎,一副无所谓的样子。

"同学们,很抱歉。今天的作业仍然用旧本子。"我轻轻说道。

"让偷本子的人站起来,把新本子先发给我们。"一个声音响起来。

马上又有几个声音附和道:"对,让大家互相揭发,一个也逃不了!"

班级里立刻响起一阵议论声。

我静静地看着大家,教室里渐渐安静下来,所有的目光都落在我身上,学生们在等待我的裁定。教育学家加里宁说过:"教师的世界观、他的品格、他的生活、他对每一个现象的态度,都会这样那样地影响全体学生。如果教师很有威信的话,那么,这个教师的影响就会在某些学生身上留下痕迹。"宽容——这个现代人的美德,我希望它能根植于学生的心灵。

"我代表拿了本子的同学,向大家道歉。对不起,影响大家了。"说完,我深深鞠了一躬。

学生一下子愣住了,教室里是那样安静,甚至可以听到孩子们呼吸的声音。

"大家想一想,本子有什么用? 拿本子的同学一定是用在学习上了,他们在情急之下动用了大家的本子,忘记归还了,明天一定会还回来的。"我刚说完,不少同学已点头表示赞同,那些低头垂眼的,也稍稍抬起头,原本脸上一副无所谓的人收敛了神情,显得不好意思了。

第二天,我早早地来到学校,走进教室。有几个同学比我更早,可能与"本子事件"有关吧。随着学生陆陆续续进教室,又有几本新本子递到我手上。课前,我非常自信地把新本子发给每个学生,一本不少。一件原本"异常严重"的事件,在老师和同学的宽容中过去了。我轻轻嘘了一口气。这堂课上得特别有味,师生感情特别融洽。这就是宽容的魅力吧！尊重和爱护孩子的自尊心,要小心得像对待一朵玫瑰花上颤动欲坠的露珠一般,我觉得我的处理方式是对的。

尊重每一个学生,热爱每一个学生,把教育根植于爱,这是教师做好教育工作的前提。时刻把学生当作我们的朋友,以感情为纽带,让学生体会到关心与爱护。这样,学生就会尊重你、亲近你,从而对你所教的科目感兴趣,你的教学任务也就能顺利完成。

高尔基说过:"谁爱孩子,孩子就爱谁,只有爱孩子的人才会教育孩子。"的确,爱是一种情感交流,有时宽容也是真正的爱。当你把炽热的爱通过一言一行传递给孩子时,就会激起孩子对你情感的回报,从而乐于接受你所给予的一切。

脏脏宝贝去哪儿了

王晓群

每当看到教室非常整洁的时候，我会问："脏脏宝贝去哪儿了？"孩子们总是愉快地回答："被我们的爱心收纳啦！"

这一幕总是让路过的其他班级的孩子们惊讶好奇，也常常令来班级上课的老师疑惑费解……

这得从二年级的时候说起——

那时，班级打扫都是由我挑选动手能力较强的孩子们一起完成的。虽然是一部分一部分同学分阶段推进学习，但是慢慢地，弊端出现了：参与的同学很认真，不参与的事不关己。尽管放学打扫井然有序，但是课间教室保洁工作显然不尽如人意。经常可以看见地上有纸屑，有时候还有卷笔后的木屑。由于美术课是在教室里上的，因此课后的垃圾更是比平时"品种"丰富，蜡笔、画纸甚至还有墨迹……这个，还真是影响班级面貌。

我拍了照，在班会课的时候放映出来。看着大屏幕上的画面，孩子们沉默了，他们知道问题出在哪里。我又讲了《三个和尚》的故事，请他们说说听了故事后的感受。孩子们很聪明，马上就结合故事内容，联系教室保洁问题，理解了齐心协力力量大的道理。

在后续顺势引导的过程中，孩子们渐渐知道了"责任心"的重要性。作为集体中的一员，应该是集体的主人，集体的事情就是大家的事情，就像我们在社会上要自觉自愿地遵守公德一样。为此，学生还自发组成"问题巡查团",不仅及时发现班中的不足,还积极参与整改。

有了这样的共识,孩子们开始分组讨论,对班级的卫生打扫按照实际情况做了新的变更。从老师分工培训迅速升级为互帮互助的群体行为,由零散的小股行动变为整体行动。各小队一人一岗分工合作,根据能力不同互相协调,能力弱的优先选择,能力强的可以在打扫过程中给予适切地帮助,尽量做到人人有岗,每一个人都在同一时间行动起来,单位时间内效率才越来越高。

孩子们还把打扫分工表打印出来:有的采用表格式,不同分工用不同的颜色、字体标识;有的图文并茂,在项目选项里配上可爱对应的卡通图片。更让我出乎意料的是,我原本想把各组的分工表贴在教室里,可是等我准备收表格的时候,居然发现孩子们已经人手一份。这效率和行动力,让我不能小觑孩子们的超能量。

打那以后,我常常能看到:孩子们有的早上在擦窗台,有的中午在排桌椅,有的下午放学在擦黑板……更让人感动的是,如有学生不小心把饭菜翻在地上,马上会有一群人围成一圈,蹲在那里帮忙清理,没有埋怨,没有大惊小怪,没有躲避责任,有的是孩子们的团结协作。有时候,孩子们看到地上垃圾多了,就主动拿扫把扫呀扫,直到干净为止。当看到垃圾袋快装满的时候,我们的垃圾倾倒员总是把垃圾倒了,换一个新垃圾袋,而且尽可能使班级的垃圾袋利用率达到最高。

"脏脏宝贝去哪里了?"

"被我们的爱心收纳啦!"

这样的对话竟然成了我们这个集体 2017 年度最受欢迎的传颂语。

下学期,我们的卫生打扫还有什么新举措?"问题巡查团"的小天使们又会提出什么样的新方案呢?请听 2018 年咪咪兔中队经营小故事续集,敬请期待哟!

宽容而不纵容

吴　璇

冰心说："有了爱，就有了一切。"只有真正去爱孩子，才会有好的教育效果。每个孩子的特点都不一样，作为老师，我们要认真挖掘他们身上的闪光点，并予以肯定。

课堂上，当学生有独到见解时，我会对他说："你的方法很独特，让大家知道了还可以这样去思考问题。"当学生不认真听讲时，我会对他说："学会认真倾听是一种非常重要的好习惯，也是尊重他人的表现。"当学生解决问题屡次失败时，我会安慰道："这些不成功的例子也是我们宝贵的学习资源。"……教师精彩而恰当的评价好比春雨"随风潜入夜，润物细无声"，对学生产生着潜移默化的影响。它让我们看到学生灿烂的笑脸，体悟到学生飞扬的个性，感受到学生快乐地成长。

课后，我准备了小奖章以及各种奖励办法，鼓励孩子们为一个个目标努力。当孩子课堂上积极发言时，当孩子书写端正时，当孩子作业质量提高时，当孩子取得了进步时……他们都会得到精致的小奖章。对此，他们如获至宝，积累着这一份份奖励。在我的鼓励下，孩子们显现出了自己的优势。在和孩子们真诚的交往中，我明显感觉到了他们的进步和对学习的热爱。

但鼓励并不是万能的。

班上有一个叫晓宇的男孩，非常聪明，有较强的逻辑思维和表达能力，课堂上经常能听到他不同寻常的见解和出彩的回答，同学们常常对他投以钦佩的目光。但他一落笔就表现得比较粗心，抄写数字时常会出错，字也写得欠工整。对他这种粗心的毛病我不止一次提醒过，并鼓励他说："没关系的，你只要认真一点、仔细一点，肯定是最棒的。"

不久，一个同学来向我反映情况："老师，晓宇同学到处炫耀自己，说他的数学成绩是全班最好的！"

我听了，不觉为之一震。

又一次单元自测后，他考砸了，我听他这样评价自己的这次考试："有什么呀？只是字不好看，又犯了粗心的毛病而已。"

我又一震。细细琢磨，发现在无数次的鼓励之后，他拒绝反思，拒绝检讨自己。显然这个孩子已被一味地鼓励麻木了神经，失去了接受失败的勇气，这样发展下去对他肯定是不利的。将来踏上社会，不可能任何事情都是一帆风顺的，总会要面对一些打击与挫折，如果不能勇于接受失败，他又怎么去迎接社会的考验？我觉得没有批评的教育是不完美的，错了，就要挨批评，甚至惩罚。适当的惩罚会给孩子带来深刻的教训。于是，针对他计算错误率高的问题，我为他单独布置了计算练习作业，每天几道题，量不多，难度也不大，但要求认真计算、仔细检查，争取全对。一段时间后，他的正确率提高了不少，对待学习的态度也端正了。

还有一个孩子，做任何事情总比别人慢几拍，讲话速度慢，作业速度慢……但作业正确率却非常高。刚开始我也是很心平气和地告诉她："你什么都好，就是写作业太慢了，如果能改掉这个拖沓的坏习惯，就是一个非常出色的孩子。"可她似乎对我的循循善诱并不领情，依然我行我素，由着自己的性子。

终于我忍无可忍了。一次考试中，我没像往常一样等她做完试卷，而是时间一到就收卷子，她自然来不及做完，这次她考了个低分。接连几天,她总是有意躲避着我。但我还是默默地关注着她的一举一动,看得出她难过了好几天。沉寂了一段时间,终于有一天,我欣喜地发现她的作业速度快了很多,虽然与其他孩子比还有些差距,但她在努力尝试着,在试图改变着自己。这不是一个好的开始吗?

我觉得孩子的成长应该有欢笑,也应该有眼泪,孩子的错误可以宽容,但绝不能纵容。在实际教学中,对学生的宽容应有一个尺度,如何把握这个尺度是教师必须注意的问题,不能让宽容变成纵容,这不利于孩子的成长。

当然,老师在严格要求的同时,要体现出更多的关心和爱护,这样才能使学生体会到潜藏在教师内心深处的信任和尊重,才能建立平等、民主、互信的师生关系,也才能赢得学生的尊重和爱戴。

不求做名师
用心做明师
有明师崇德尚礼
用爱浇灌学生心田

放手，成就下一秒的精彩

施剑华

一年一度的六一儿童节即将来临，这可是孩子们的大事，他们盼星星、盼月亮，盼着这个大礼包。

学校大队部早早地设计好庆祝活动。我也按学校要求，把班级六一庆祝活动的流程告知同学们：学生成绩展示、节目表演、祝愿卡……我打算选一些能力强的学生认领负责的板块。这样，活动既有老师的指导，又有学生的自主参与。

此话一出，同学们开始窃窃私语。"你们有什么想法，说来听听！"一贯民主的我非常期待听到他们的心声。

头脑活络的小孙立刻站起来，脱口而出："我想担任主持人，我能自己写稿子。"

他的提议，不仅令我惊讶，全班同学也一下子鸦雀无声了。太意外了！

小孙非但从没主持过节目，平时对待作业也总是马马虎虎，这么个大任务交给他，能放心吗？可要是否决，会不会伤害了孩子的积极性……我为难地想着，继续默默地看着全班。

善解人意的班长打破了僵局："施老师，这是我们自己的节日，我们想自己设计，搞一个大家都喜欢的主题队会。前几天，小孙就在琢磨这次的六一活动。我想，可以给小孙一周时间，由他组织大家设计方案，如果还有哪位同学有好的创意，也可以写出方案来 PK。谁的方案好，就由谁来主持活动。施老师,您放心吧!"

她的话,让我想到孩子们已经长大,应该有能力独当一面。于是我同意了。

一个星期后,两位候选人进行了PK,结果小孙胜出。小孙的串词朗朗上口,读来激情昂扬,各个板块的设计也能紧扣主题。这孩子真是花了不少心思!可是当主持人不仅仅是读读稿子这么简单呀!虽然有些忐忑,但我想如果现场真有问题,我可以用游戏控场,也可以播放儿童歌曲让孩子们唱唱缓和气氛。

六月一日,当换上西装的小孙亮相时,同学们都情不自禁地为他鼓起了掌。他的脱稿主持更是让人眼前一亮。我惊讶于孩子的挥洒自如,欣赏他的从容自信,更感动于他对活动的全心付出。

特别是"童年回忆"的一组PPT,把活动气氛推向了高潮。小孙搜集了两百多张照片,把全班从一年级至今、从课内到课外的活动画面重新展示在大家眼前。孩子们挤在屏幕前看着、谈着、笑着,感叹一起走过的四年美好日子。

看着这一张张照片,我仿佛看见岁月在指缝间悄悄溜走,蓦然回首孩子们长大很多,懂事了,明理了,睿智了。这次的放手是对的,我欣慰地笑了。

活动结束后,小孙在日记中这样写道:

"从来不敢在大家面前展示的我,这次却跃跃欲试报名担任联欢会主持人。老师和同学们的支持,让我的梦想终于成真。"

在家里,为了语言的流畅、表情的自然,我对着镜子一遍又一遍地练习。在学校里,我和搭档们反复彩排,争取做到尽善尽美。那几天,我连梦中都能出现稿子的内容。有时背不出稿子,急得半夜起来反复读,情愿不睡觉,也要把稿子背出。我想:这一秒不放弃,也许下一秒就精彩了。

双休日,在爸爸的摄像机前,我和搭档练习了整整两天,每讲完一段,我们就开始回看,看看镜头里的自己是否咬准了每个字的读音,是否做好了每一个看似随意的动作。我心想:一定要用自己的精心准备,给同学们一个难忘的、快乐的、永远的回忆。爸爸妈妈都说我这个小小男子汉长大了,做事有责任感。"

看着小孙的日记,我感慨万千。是的,身为班主任,在班级工作中要学会适当的放手,让学生自己去创造、去沟通、去实践。我不应该用条条框框的固定模式去束缚学生的创造力,更不应该让孩子按我的想法去行事。

在班级活动中,班主任要处处留心,创造条件培养孩子的各种能力,并不停地对孩子说:"孩子,我相信你能行!""孩子,我相信你一定能处理好的!"我想:这样的信任和欣赏会让孩子产生自尊之心、奋进之力、向上之志。相信每个孩子都是天使,相信每个孩子都能做最优秀的自己。放手,才能成就下一秒的精彩!

信任，进步的阶梯

金红英

时常在新闻中看到关于游客不文明行为的报道，在谴责某些人素质低下的同时，身为教师，我也不禁反思出现不文明行为的原因。良好素质的培养要从孩子抓起，于是，我结合学校开展的社会实践活动，以文明参观为主题，开展对学生礼仪素养的教育指导。

班级里的小夏同学非常活泼好动，无论是课内还是外出社会实践，经常会在不自觉的情况下违反纪律。只要老师一不留神，他就会大声喧哗，上蹿下跳。我觉得本次活动是一个非常好的机会，我要以小夏为重点指导对象，以点带面，让我们班的孩子在文明参观方面养成良好行为习惯。

教室里，同学们得知要去参观同济大学"深海探索馆"，都兴奋不已，有的小声议论，有的在准备书包……只有小夏，一会儿跑到这里兴奋地问别人："小刘，你去过吗？据说那里有……"一会儿又去扯扯小吴的辫子，对着她挤眉弄眼。在他如此兴奋的时候，如果我站在讲台上讲注意事项，估计他一个字都听不进去。于是我改变了方式，对孩子们说："同学们，你们知道在参观活动中有哪些应该注意的地方吗？大家可以把自己想到的说出来，看看小组成员之间有没有什么补充。"

布置好讨论话题，每个四人小组内的同学都在认真地听着、讲着。"要轻声慢步""不能大声喧哗""不能乱扔垃圾""要遵守秩序"……讨论中，同学们各抒己见。我特意关注了小夏，只见他在小组里的表现还是蛮认真的。全体小结时,我特地请他起来发言。小夏说得头头是道,从孩子的言语中,可见对于如何文明参观他都知道。我马上予以了表扬:"小夏同学说得真好,想得真周到。"

这时,就有同学在一旁说:"现在说得好听,到参观的时候,他早就忘得干干净净,肯定会玩疯了。"是啊,懂得并不一定做得到,我们要在实际行动中帮助孩子养成好习惯。

想到这里,我马上给小夏套上了一顶高帽子:"相信小夏同学在这次活动中一定能好好遵守纪律,成为守纪律的小明星。"为了让他有责任感,我还特地把另一个调皮的小陆同学交给他,告诉他老师相信他一定能带好小陆,成为大家的榜样。看到我对他的信任,小夏激动地点点头。

出发了,我和副班主任带着全班同学来到了同济大学深海馆。进馆前,讲解员就向同学们提出了要求。因为场地比较小,参观人数多,所以一定要求同学们安静听从讲解员的安排。一踏进馆区,神秘的气氛,整洁的环境,一下子吸引了同学们。原本活泼好动、喜欢大声说话的小夏同学,此时也刻意压低了自己的声音,小声地和同学交谈。参观了一段时间,看到了火山口的微生物,他一下子来劲了,不由自主地亮起了嗓门,急着把自己知道的一些知识说出来。旁边的小陆同学一听,也跟着不自觉地发出声音。此起彼伏的声音一下盖过了讲解员的讲解。我想,在外面怎么也要给他这个面子,不能批评。

于是,我绕到他的正前方,远远地给了他一个"禁声"的手势,并且轻轻点点头,示意他,相信他能管好自己。聪明的小夏立刻意识到了,立刻管住了嘴,同时,也给旁边的同学一个"禁声"的手势。马上,刚出现的声音就没了。接下来,当讲解员在讲解的时候,他都专心地听讲。他旁边的小陆更是被他管得好好的,刚才送给他的那个"禁声"手势也时不时出现在他的嘴边,一会儿对着小陆,一会儿对着小周,他成了我的管理小助手。即使是擦过鼻涕后的纸巾,他也是紧紧地拿在手里,一直到有垃圾桶的地方才丢弃。

也许是伙伴的互相影响,班级里另外几个比较好动的同学在整个参观过程中,也能够保持良好的行为规范。

活动结束返回学校后,我专门请小夏结合这次活动,再说说该如何文明参观。对于我给他的肯定和信任,孩子非常高兴。他侃侃而谈:去公共场所,特别是类似博物馆之类比较庄严肃穆的公共场所,最好事先换上软底的鞋子,避免脚步声影响别人;在场馆里参观时要认真听讲,仔细看说明,发现有不懂的地方不是立即打断,而是等导游或者讲解员讲解结束后再提问;在和同学们交流的时候,尽量放低声音……

最后,他提到,虽然相关的要求他都知道,但以前总是管不住自己。这次老师这么信任他,他很感动,所以在参观时,他不时提醒自己,一定要把规则转化为自己的行为。

小夏最后的那番话令我很有感触。每个孩子都有一颗向善向上的心,在教育引导他们的同时,我们一定要给予他们充分的信任。因为信任,是进步的阶梯。

纸 团 风 波

毛雪彬

曾经在报纸上看到这样一篇文章,内容是：在你的心目中,老师像……通过调查,不同年代的人回答各不相同。当今学生的答案是："期待老师像超级电脑,不管是学业,还是游戏都问不倒。"还有的学生说："希望老师像导游,带领我们去游览各种美好的风景,而不像园丁,修剪掉我们不听话的枝丫,最终让我们长成了只会听话的植物。"

从以上调查可以看出,随着社会的飞速发展,人们对好老师的标准在不断改变。这也给了我新的启迪：作为老师,不仅要认真地传道、授业、解惑,还要善于从孩子的角度出发,去捕捉孩子的心理,了解他们的内心世界,拉近与他们的距离,让自己成为学生心目中的好朋友、好老师。

又是一个周五的下午,我们像往常一样进行业务学习。今天学习的内容是一场报告,据说还是外请的一位教育专家。她会说些什么呢?带着疑问,我静静地聆听着。

报告挺吸引人,不知不觉,专家那妙趣横生的话语深深吸引了我。她居然称我们教师为"专业人士",这还是头一回听到。起先,我感到很不可思议,可她的解释让我茅塞顿开：如果从十个人里面选择,只有一个人能胜任教师这份职业,因为它包含了体力、脑力、管理、心理、教育等综合性能力,所以教师怎能不被称为"专业人士"呢?

其中,让我印象最深刻的就是专家告诉我们,作为专业人士,当发现孩子出现问题后,应该学会换位思考,而不是用一个大人的威慑力,去告诉孩子应该做什么,不应该做什么。她还故作神秘地说:"不信,你们去试试,这个办法准行。"

没想到,这个办法居然在第二周成为我的一帖"灵丹妙药"。

英语课上,孩子们正在教室里埋头做练习,我边巡视边指导,忽听耳旁传来义愤填膺的声音:"老师,小于把纸团悄悄扔进了小张的书包里。"我回头一看,原来是坐在第一排的小胡,她一边说,一边把那个纸团从小张书包里拿给我看。我眉头紧锁,生气地看着坐在小胡后面的小于。她见了我的表情,不由低下了头。我本想当场教育她一番,可想到现在是在课堂上,一个"忍"字使我克制了自己的情绪。我默默地从小胡手里接过纸团,并用眼神示意她继续做练习。

放学后,我把小于叫到身旁。按照以往,我一定会严肃地对她进行批评教育,可脑海中那位专家传授的"妙招"在我耳旁悄然响起。于是,我平复了一下自己的情绪,轻轻地说:"你想让老师猜猜你当时为什么会这样做吗?"她愣了一下,默默地点点头。"这个废纸团放在桌肚里,多脏呀!如果走出去扔吧,又不行,因为是在课堂上,会违反课堂纪律。那还不如趁别人不注意,悄悄地一塞了事,反正纸团上也没有我的名字。你说,老师猜得对吗?"她吃惊地瞪大眼睛看着我,惊讶的神情中还带着一些佩服。

于是,我趁热打铁,接着说:"那你来猜猜,老师现在想对你说什么呢?"她吞吞吐吐地说:"这样的行为是不对的,很自私,完全可以在下课后再扔。今后,请不要再做这样的事了。"看着她惭愧地低下了头,我想再对她说什么话都是多余的。此时的她,已经是真心地知道自己错了。

一场小小的纸团风波就这样结束了。

我想:如果我们多使用这样的"秘方",比起高高在上,对孩子进行严厉批评教育,不是会达到事半功倍的效果吗?

"老师，我们自己解决了"

龚　花

　　当今社会，每个孩子都是家长的心头肉。有的家长怕自己孩子吃亏，甚至这样跟孩子说："别人打你一下，你一定要还他一拳。如果别人打你了，你没有还手，被我知道了，你小心……"在这样的家庭教育下，孩子逐渐养成了不占便宜不罢休的心理。但是人生活在大千世界之中，怎么可能有毫不吃亏的情况呢？孩子间的矛盾经常出现，双方都以自我为中心，都不肯吃亏，那冤冤相报何时了？

　　针对这个问题，进入高年级的第一个学期，在和孩子们共同制定新的班级公约时，我们便商定增加这样一条：同学之间的小矛盾自己解决。

　　我利用班会课让大家讨论处理和解决小矛盾的方法，同桌讨论后全班交流。最后，大家统一了认识：如果同学之间发生矛盾，首先想一想矛盾发生的前因后果，看一看是否有什么误会。若有误会，可以找同学了解一下。如果没有误会，平心静气进行换位思考，找找自己在这件事中处理不当的地方，这样，双方化解了矛盾，自然就和好如初。我还对孩子们说："同学之间每天斤斤计较那多难受呀，还不如开开心心、心情舒畅地相处。常言道，退一步，海阔天空。相信伸手不打笑脸人，你的大度肯定能赢得对方的佩服，他一定也会反思自己的不是。"

　　刚说完这话的第二天，便有两个孩子为了一点小事吵了起来。他们争着说对方的不是，似乎理由都很充足，而且嗓门特别大。我及时制止了他们,让他俩走到我旁边,先冷静几分钟,再自己处理,前提是按昨天班会课上说的进行换位思考,只能说自己的不是。

于是乎,他们两个一开始还互相瞪眼,在我面前不便用嘴说,便用肢体语言发泄着对对方的不满——小景瞪大着眼睛,眼里几乎要喷出愤怒的火花,似乎在无声地控诉对方的不是;小何呢,脸涨得通红,紧握拳头,对着小景挥舞,尽情地发泄着心中的怨恨。我始终一言不发,等待他们自己解决。

过了大约两三分钟,他们可能觉得这样不能解决问题,便开始有所收敛,若有所思起来。我不着急,也不催促他们。

又过了两三分钟,小何红着脸说:"我刚才不小心碰了你一下,我应该先向你道歉。"他强调了不小心,爱找理由的他并不心甘情愿承认错误。

可由于他先认错,小景倒也没有计较这个词,说道:"我也不对,不应该不问青红皂白便还手。"

我一听,一向斤斤计较的小景没有纠结于小何说的"不小心",问题应该很快能够得到解决。

这下小何不好意思了,红着脸说:"你的红领巾被我弄脏了,我带回家洗吧。"小何找到了自己的错误之处,并且愿意将功补过。

小景一听他要帮自己洗红领巾,便也不好意思了:"不用了。我刚才打疼你了吗?"

"没事的。"

……

不多一会儿,两个人笑呵呵地对我说:"老师,解决好了。"我没说什么,点点头,示意他们可以回座位了。

我又观察了他俩后来的课间表现,发现他们两个人又同进同出玩在一起了,似乎从未发生过任何不快。这样,一场矛盾便真正解决了。

我趁热打铁,利用午会课向大家分享了他们的故事,让学生明白只要学会换位思考,便能化干戈为玉帛。看着孩子们专注的眼神、频频点头的样子,我相信他们已经真正明白了什么是"换位思考"。

孩子毕竟是孩子,他们之间的小矛盾依然层出不穷。有时两个同学吵得脸红脖子粗,有时两个同学为了某事争个不停,甚至闹到要动手。于是,我还是用这个办法,相信孩子们自己能够处理。状告到我这儿,我便轻轻地说上一句:"老师相信你们自己能够处理好。"

于是,班级中经常会出现这样的画面:刚才还是死对头的两个人聚在一起窃窃私语,不好意思地反思着自己的错误,不一会儿,便笑着到我身边说:"老师,我们自己解决了。"

有时,我还会不放心地追问一句:"真的解决了?"

"真的解决了!"他们的回答坚定又响亮。

小孩子哪有什么隔夜仇?只不过是生气时只想到对方的不是,只把注意力放在自己受到的"委屈"上,而忽略了对方的感受,以自我为中心,扩大了矛盾。

俗话说:一个巴掌拍不响。学生之间的矛盾,大部分双方都有责任。但换位思考后,就会反思自我,解开心结,便会发现刚才的斤斤计较是多么的幼稚可笑,从而真正地解决矛盾,从矛盾中解脱出来,拥有真挚的友谊。

一场"没有硝烟的战争"

顾迎来

时光荏苒，我们班这群懵懂幼稚的孩子转眼变成了三年级的"少男少女"。想到经过两年的培养，班级逐渐形成文明向上的氛围，我不禁暗自庆幸，也对三年级的班级建设充满信心。时光很快走进九月，开学工作有条不紊地进行着……

但开学刚过两周，现实就给了我当头一棒——预期的良好开端并未出现，我失望地发现这些刚刚迈入三年级的"少男少女"们，精力似乎一下子变得充沛起来，尤其一到下课就特别来劲。他们有的在教室里不停地前门进、后门出，乐此不疲地玩着"警察与小偷"的游戏；有的索性在过道里你追我赶；有的逛来逛去无所事事……只有几个孩子安安静静地做着课前准备。这和上学期的课间文明休息截然不同。虽然我发过火、批评过，甚至"骂过"，但过了一天依然如故，到底出了什么问题？

周一中午吃好饭，我一走进教室，就发现教室后面正围着一大群学生，吵闹声不绝于耳。我走近一看，只见小胡和小唐正面红耳赤地站在中间，愤怒地相互拉扯着。

原来他俩在走廊里奔跑时发生了碰撞，小唐自认为小胡踩了他的鞋，自己吃了亏，便扑上去揪住小胡的衣领进行扭打……又是奔跑、碰撞、吵架！一听到这些词，我的火气不由自主"蹭蹭"地冒了上来，我真想把这两人揪到外面狠狠批评一顿。

我深深吸了一口气,想着之前那几次劳而无功的批评,告诉自己光批评是没用的!怎么办?我的大脑飞快运转的同时,眼睛瞄到了墙上的那张课程表,对了!下午第一节正好是班会课,我何不借着此事针对开学以来的课间不文明现象来一个现场交流呢?

于是,我静下心来,冷着脸先让学生们回到座位。本以为一场充满火药味儿的"战争"即将开始,但看到我既没批评,也没对刚才的事情说一个字,更没有一丝火药味,孩子们不禁忐忑起来,他们一个个一边乖乖地拿出书看了起来,一边偷偷地观察着我的一举一动。

很快,班会课的铃声响了。教室里出奇的安静,我继续对刚才的事情只字不提,而是让每个孩子先静思一分钟,想想自己中午在干什么?然后按照学号顺序一个个交流,轮到小胡和小唐时,我并没有批评他俩一个字,但我可以明显看到他们脸上的不安与尴尬。

交流结束后,我让学生们用一个词来形容一下刚才教室里的环境,很多人说到了"吵闹"。于是我又让每个人先思考一下,然后用"因为我怎样,所以教室里很吵闹"来说一句话。学生们一个个站起来说话时,我仔细观察着他们的表情:羞愧、后悔、害怕……特别是小胡和小唐,他们的脸涨得通红,小胡说话时忍不住掉了眼泪。我知道,我要的效果已经有了!

最后,我以小组讨论的形式,让学生们对自己上学期与这学期课间的表现做一个比较,说说接下来准备怎样文明休息。小组长带领组员商量制定出小组文明休息公约,并上台交流,最后将小组公约张贴在公示栏里。

整节课没有一句批评,没有一丝硝烟,但得到的效果却远远超出我的预料。一下课,小胡和小唐就来到了我身边,主动承认了自己的错误,并保证以后一定文明休息。

这场"没有硝烟的战争"之后，我期待的文明休息又回到了三年级一班。

确实，教育无小事，教育也无固定的章法。教师毕竟不是法官，判定是非、给予惩罚不是目的，教育学生、提高其思想认识水平和行为能力才是教育的意义。作为一名教育者有责任为学生创设良好的"疏导"氛围，为他们创设宣泄的机会，通过自我反思，真正认识到自己错在哪里，让学生自己有所感悟，才能明白自己该怎么做，怎样做才是正确的。如果仅仅是简单地就事下定论，简单地批评，简单地将道理告诉学生，那学生只是被动地接受教育，而非发自内心的自我反省。

课间十分钟是短暂的，但我们的文明教育却任重而道远，这场"没有硝烟的战争"也让我明白了很多。

不求做名师
用心做明师
有明师崇德尚礼
用爱浇灌学生心田

小纸片"回家"了

朱常青

明明每天放学时值日生已经将地面清扫得干干净净,小干部在课间、午间也会及时提醒大家注意自己周围的环境卫生,可总感觉教室里不干净:有的学生座位底下有撕碎的小纸屑、丢弃的餐巾纸、掉落的铅笔橡皮,在一些不起眼的角落,还有纸团。我还发现了一个特别不好的现象:有的同学只关注自己周围的卫生保洁,见到别的地方,包括走廊里、其他同学的座位旁有垃圾却视而不见,甚至一脚踩上去也不理不睬。

对于这种现象,班级的劳动委员也向我进行了反映,我感觉到问题的严重性。于是,我在午会课上让大家一起来直面问题:为什么会发生这种事?看看有什么好办法来解决这个问题。

同学们议论纷纷:有的同学怕被老师批评,把自己座位底下的垃圾踢到周围同学的座位下;有的同学感冒了,用了餐巾纸,因为没有及时扔掉,以至于在从桌肚里拿东西时被带出来落在地上;有的同学偷懒,不愿走到垃圾桶旁边丢垃圾,而是像投飞镖一样投过去,结果扔在了外面……

听了大家的发言,同学们面面相觑,因为这样的行为就发生在自己身上。作为老师的我心里很是生气,因为关于这方面的教育几乎每天都在进行,可他们却屡教不改。但转念一想,既然靠提醒已不起作用,那是不是应该改变一下策略?

急中生智,利用班会课的时间,我和班干部自编自演了一场情景剧:在一个学生前面有一个纸团,他却闭着眼睛,边走边说:"我看不见,我看不见。"全班同学哄堂大笑,我故意一脸疑惑地问大家:"你们为什么笑呢?"孩子们说,就算闭着眼睛看不见,可纸团还在那儿呀。"可老师经常看到好多同学都是这么做的,明明睁着眼睛,却对教室里的垃圾视而不见。"我边说边环视全班,只见一张张小脸慢慢地由红变白,有的恨不得把头缩进衣服里。我趁热打铁:那怎么样才能让小纸片回到自己的"家"呢?

大家议论纷纷:有的说不能乱撕本子,不带卷笔器,以免留下垃圾;有的提议课间、午间准备学习用品的同时必须把自己的桌肚清理干净;有的建议班级里倡导"弯腰行动""提醒行动"(即地上脏了,弯腰扫一扫;发现纸屑,弯腰捡一捡;桌子歪了,弯腰搬一搬;一下课大家相互提醒,"看一看,捡一捡,桌子歪了搬一搬");有的班干部还提议每周由值日组长和老师给每组的环境卫生进行评比打分……

试行一段时间后,同学们发现不带卷笔器,会影响大家使用铅笔。于是,有人建议班里放一个公用卷笔器,并由专人负责午间清理;感冒的同学需要使用餐巾纸,为了环境的整洁,能否换成手帕,这样,既环保,又能保持教室的清洁。

大家的办法实行后果然有效,很多孩子都真正地把自己看作学校的小主人、班级的小主人,遇到垃圾,都能自觉、主动地去打扫。有的同学脚下有纸屑而不自知,其他孩子也会主动地去提醒他。

小纸片"回家"了,教室环境整洁了,更重要的是,通过班队经营,培养了学生的团队精神和主人翁意识。

最好的礼物

沈朱萍

书是人类进步的阶梯！如果营造良好的读书氛围，就可以让每一个学生从浓浓的书香中汲取营养，陶冶情操，获取真知。我一直深信激发学生阅读的兴趣，培养他们良好的阅读习惯，是小学阶段送给学生最好的礼物。

记得孩子们刚入学一个月的时候，因为识字量少，我就从书店买来了《小女生毛毛虫》在晨会或者午会上读给全班听。书里全是刚上一年级的小女生毛毛虫在学校里遇到的有趣的事情。学生们觉得小女生毛毛虫就是自己，就像在听自己的故事。当他们听到毛毛虫在发本子的时候，因为不认识字把同学马鸣加的名字叫成了"马口鸟力口"时都笑得闭不拢嘴，下课时，还指着黑板上我写的"马口鸟力口"议论着。就这样，我经常会跟孩子们讲讲有趣的故事，诵读一些美文，在班级里营造阅读的氛围，点燃孩子读书的欲望。

进入中年级后，学生的识字量和阅读能力有了很大的提高。于是，我经常介绍新书给孩子们。每次介绍新书时，我总是先把内容梗概或精彩片断读一读，然后大声说："欲知详情，请看原文。"孩子们便争先恐后去图书角借阅这些新书。

还记得那时我自己在看姜戎所著的《狼图腾》。当我看到书中蒙古草原狼的视死如归和不屈不挠，看到狼的世界中那份可贵的友爱亲情，真想和我的学生们分享。可是转念一想，他们还只是三年级的孩子，能读懂成人看的书吗？我带着尝试的心态把开头一段极其精彩的内容读给孩子们听，他们竟然听得如痴如醉。第二天，我们班阅读量最多的孩子竟让他的父母从网上下载了几十页，打印后先睹为快。一个星期以后，班级里陆续出现了好几本《狼图腾》。中午休息时、作业完成后，我都能看到孩子们津津有味地读着书，有时还是两个人合看一本。看到他们此刻"浸润"在浓浓书香中，我想他们一定正在感受人与自然、人性与狼性的关系，并且由衷产生保护生态环境的愿望。我希望书籍给学生带来的思考与影响，能让孩子们的生活变得更有广度与深度。

进入高年级阶段，我组织学生开展"好书推荐"活动。他们会把自己最喜欢看的一本书介绍给大家。有人甚至还提议要进行"我最喜爱的书"评比活动。

每个周五的中午时间，学生们会自发开展走近名家名篇、美文诵读、讲故事、读书交流等不同形式的活动。读书，说起来简单，但是真正想要充分发挥读书的作用却不是一件简单的事情。我还定期进行"主题拓展阅读"。学习语文教材每一个单元时，请学生搜集与本单元主题相关的材料，查找相关作者、作品来读，有目的地拓展课外阅读知识，以加深对文本的理解感悟及对作者的了解。

高尔基曾经说过："人的知识愈广，人的本身也愈臻完善。"孩子们只有通过浸润书海的大量阅读才能接触到自己向往的世界，才能穿越时空与伟人、英雄交流，才能博古通今。

现在，在我们班，已经形成浓郁的阅读氛围，学生在我的引领下，已经走上了阅读之路，从心底里爱上了阅读。创建一个书香班级，让学生受益匪浅，这是我给孩子们最后的礼物，我也从中收获了成功的快乐。

我的活动我做主

徐春娟

"徐老师，国庆节前，每个班级要举行一次班级红歌会。"我们班的大队委员在大队部开会后，主动请缨，"我想，还是我来写主持稿、做PPT，请班长和宣传委员来主持吧。"

大队委员的建议的确是个让我省心省力的方案。毕竟从三年级起，他们已经搭档组织过不少类似的活动，由他们负责，我可以安心地做个"甩手掌柜"。但转念一想，我又改变了主意。

利用班会课，我先请大队委员向大家介绍了红歌会的要求。随后，我告诉大家，这次的活动。不再由干部们包揽全部工作，而要在班级中进行"招标"：凡是有意愿的同学都能成为候选人，把自己的活动方案写成一份计划书，再根据候选人的计划书，由全班投票选出项目负责人，由项目负责人全程组织活动。此言一出，班级里顿时炸开了锅，本来觉得事不关己的学生也都来了劲儿，纷纷参与到讨论中。

两天以后的午会课上，好几个候选人带着自己精心撰写的策划书站到讲台上。看着他们像模像样地展示自己的计划，我真的觉得要对这些平时看上去普普通通的孩子刮目相看。认真聆听了每个候选人的计划后，全班同学当场投票唱票，选出了红歌会总负责人。落选的同学也不气馁，都主动要求加入活动团队，愿意配合总负责人搞好活动。很快，团队中的每个人都明确了分工：负责节目的报名、撰写主持稿、制作 PPT，下载音乐……大家兴致勃勃地投入活动准备中。

由于工作团队经验还不足,所以每当他们开展讨论时,我总是在旁边倾听,帮他们一起出主意,或是提醒他们还有哪些疏漏之处。有时,我也会自嘲,放着已经培养成熟的班干部不用,却要带着一群新手从头开始,真是自找麻烦。但当我看到学生们的那份投入与认真,看到他们脸上焕发出的前所未有的光彩,我想,这一切都是值得的。

在大家的努力下,节目单、音乐、主持稿、PPT 都一一落实了。活动当天,无论是台上的主持人、小演员,还是台下的观众,都格外投入,格外专注。我们的红歌会取得了出乎意料的成功。

活动结束后,我们班被学校评为优秀组织奖。听到这个喜讯,同学们的脸上都洋溢着愉悦的笑容,我也乐得合不拢嘴。

我的活动我做主。通过这次活动,同学们不仅收获了成功和快乐,更提高了主人翁意识。是的,学生的主人翁责任意识不是班主任"给予"的,而是在主动参与班级活动中自主形成的。班主任必须注重发挥学生的主体作用,才能调动他们的积极性,引导学生确定自己在班级中的定位,促使他们认识自身责任,树立主人翁意识。这样,学生就会产生内驱力,激发自我完善的欲望。而这,正是班主任工作的价值所在!

分饭这件小事

周　蕾

　　听闻每个学生的饭菜会分装好送到各个教室,昔日教师在饭桌前挥舞着大勺分餐的场景将不复存在,这个消息使我感到欣喜,同时也勾起了我对刚刚入职时关于分饭这件小事的诸多回忆。

　　开学第一天,望着分饭桌上的几只大桶,面对教室里四十几个吵着叫饿的小朋友,说实话,当时的我确实有点懵,好几个问号在我脑袋里转:怎么分?每个人分多少?

　　正当我束手无策的时候,教导处姚老师恰好经过。她抄过饭勺,边示范边告诉我应该怎么做。我感激地接过饭勺,心里好歹有些底了。分饭的时间虽然不到半个小时,但我却感觉无比的漫长,分完时早已满头大汗。在这个过程中,有小朋友饭勺跌落的声音,有叽叽喳喳说话的声音,还有因为排队次序先后争吵的声音……但我都无暇顾及了,此时的我眼睛只盯在餐桶和递过来的饭盒上,盼着能赶紧把饭分完。所谓的"眼观六路,耳听八方"在我看来简直是天方夜谭。

　　一连几天分饭,整个教室都是吵吵嚷嚷。提出警告只能取得短暂的效果,不到几分钟,班级里又乱成了一锅粥。我内心焦急却又不知道怎么办才好。这一天,带教师傅顾老师让我去看一下他们班分饭的情况。只见整个班级秩序井然,排队的小朋友安静整齐地站成一排,下面的学生则坐得端端正正。坐端正的小朋友会得到表扬,而且会被优先叫到名字上前盛饭。学生从老师手中接过饭盒后还会礼貌地说声"谢谢"。我大受启发，赶紧跑到自己的班级去效仿。由于方法得当，班里分饭时的秩序好了很多。

我不禁感叹到，无规矩不成方圆，但以什么样的方式立规矩确实是大有文章。

刚刚入学的一年级小朋友自律性、自觉性弱，一味地呵斥根本不可能取得什么效果。但是他们竞争意识强，谁表现好谁先盛饭形成一种竞争的氛围。为了得到老师的表扬和优先盛到饭，绝大部分小学生都能做到自觉，自我控制的时间也相对延长了。

过了一段时间，新的问题又来了：有的小朋友为了得到表扬，为了先盛饭，刚开始非常守纪律，坐得端端正正，被老师叫上来排队后却又对自己放松了要求，和旁边的同学叽叽喳喳讲起了悄悄话。坐在下面的小朋友"怨声载道"，觉得老师不公平，排在队伍里讲话的小朋友又死不承认，狡辩是对方先讲的。作为在一旁盛饭的老师，如果纠结于这些是非，盛饭的时间肯定要延后了。

于是我决定改进一下方法。考虑到下面同学的心情，我决定让坐在座位上的学生对排队的学生进行监督，发现谁违反纪律，下面的人就可以替换他上来盛饭；而排队的同学则负责点名，轮到盛饭时点名邀请下面一个坐姿端正的小朋友上来盛饭。这样双方互相监督，秩序又好了很多。盛饭的老师省去了维持秩序和点名的时间，速度又快了不少。

转眼四年多过去了，当时的忙乱与焦虑已不复存在。但每当想起这件事，我的嘴角总会不自觉地上扬。虽然只是一个简单的分饭工作，却让我学到了很多：班级管理工作繁杂而琐碎，作为班主任要学会以平和的心态去面对问题、改进方法、努力解决，在不断发现问题与解决问题的过程中实现自我成长。

"三国杀"风波

朱艳华

　　一走进教室，就有人来报告："朱老师，刚刚有男生在上课时偷看'三国杀'的卡片，被老师发现了。"我一听，一股无明业火从心底蹿起——前不久，有两个男生因为上课玩三国卡片被我逮住，我才对全班进行过教育。

　　这三国卡片，让部分男生心思格外活络。上课时，他们会低着头，一张一张整理卡片，再也无心听老师讲课；下课后，又是几个人围在一起，眉飞色舞地讨论着卡片内容，连喝水、如厕都顾不上。应该给三国卡"降温"，这点毫无疑问。

　　然而，如果一味采取强硬措施的话，可能效果不会持久，这事一定要弄清楚原委再入手，才能药到病除。"三国杀"为何物？为何男生们都魂不守舍？我把没收的卡片细细地研究了一下。原来三国卡并非简单的卡片，而是一款以三国时期为背景的智力卡牌游戏。卡片是彩色的，上面都是家喻户晓的人物，仁厚的刘备、勇猛的张飞、稳健的赵云、智勇的周瑜、雄略的司马懿……三国时代，英雄辈出，难道我们班的男孩痴迷卡片，是因为这些英雄？对，几乎每个小男孩都崇拜过英雄。泱泱华夏，赫赫文明，古典瑰宝，闪耀光芒。虽然小学生年龄偏小，但如果能正确地引导，也许会让这些卡片中的三国人物对学生的人格完善起到启示和指导作用。可是，如何做才是最妥当的呢？

　　也巧，我们马上要学习《草船借箭》这篇课文。我想这是一个绝佳的引导时机。首先,我布置了课前预习"我所知道的三国人物"。不久后的语文课上,我让学生交流课前预习。孩子们的表现极为踊跃,尤其是那些热衷于三国卡的男孩子。在孩子们亢奋的交流中,我感受到一种正能量在孩子们心中发芽,那是一种男孩子与生俱来的英雄情结。

课文学完,我还让孩子们完成一个写话作业——"我最喜欢的三国人物",最好能结合课内外资料来写。在第二天上课时,男生们是交流的主力军。从他们慷慨激昂的发言中,我不仅发现不少孩子读了《三国演义》或相关历史书籍,更看到古典瑰宝在孩子们心中生根发芽。在点评作业的时候,我大大表扬孩子们对名著的热爱,对三国英雄人物的了解。我因势利导地鼓励孩子们向英雄学习。我还告诉他们,真正的学习是将喜欢的力量化作前进的正能量,而不仅仅是拿着卡片说喜欢。说着,我还向那几个最爱玩三国卡片的男生投去信任的眼神。那几个男生不好意思地笑了。

就这样,孩子们的兴趣被悄悄转移了,捧着《三国演义》等名著的学生越来越多,看着孩子们认真阅读的样子,我倍感欣慰。三国卡也不知不觉中从课堂上销声匿迹。

教师在遇到教育难题时,不应该强行遏制,急于求成,而应该静心分析,只要换位思考,就会发现问题的根源,找到解决问题的途径。要从根本上解决问题,必须利用一切可以利用的力量,充分挖掘学生自我教育的潜能,把外在的要求转化为学生自我提高的内驱力,从而实现被教育者自我约束、自我监督和自我调整的目的,这样才能真正解决问题,让学生健康快乐地成长。

窗　口

黄燕轶

做总务主任没几天,好几拨人就到我这里反映情况,有学生、有同事,也有教工。

"黄老师,有的同学一下课就在厕所里躲猫猫,上课铃声响了才奔回教室!"

"老师,有人在玩洗手液,新摆放的一瓶才两天就空了!"

"小黄,洗手台前的地面上一大摊水,好几个学生差点滑倒!"

"主任,厕所下水道又堵住了! 不知哪个小家伙把吃剩的大排骨头扔在里头。"

……

好吧,既然出现了问题,咱们就来想办法解决——教育不就是这样吗? 随时根据学生生成的问题即时采取对策。问题是在厕所出现的,那我们就在厕所上做文章。你可别笑,厕所虽空间不大,却也是反映一所学校文明程度的窗口,而且,透过这扇窗,我们还真能看到孩子身上所体现出的行为习惯、精神面貌。

作为学校的总务主任,解决这个问题不能"头疼医头脚痛医脚",更不能单打独斗。

我认为学生有这样的表现,行为规范有待改进只是表象,对厕所文化缺乏认知才是根源。在这方面,一些发达国家走在我们前面。以联邦德国为例,不仅倡导"厕所文化是一个社会的文明体现"这一观念,而且从 20 世纪 80 年代开始,政府推出公共秩序法规,严惩不文明用厕行为,并同时开展相应教育,让孩子们从小养成良好的如厕习惯。

只有扎实有效的教育,才能将行为规范落实在孩子们的行动中。依托学校德育处、大队部的有力支持和有效组织,我校的"Toilet 文化"教育开始了。怎样真正让教育入心入脑见行动? 当然是发挥孩子们自己的力量。

孩子们通过上网、查阅书籍等方式了解如厕礼仪文化;以制作电子小报、PPT、举行十分钟队会等形式交流、宣传、推广用厕文明。午会课上,全班同学一起进行一次"Toilet 文化知多少"竞赛活动;班队经营中,大家来个"脑筋急转弯",玩一玩我问你答的厕所礼仪过关游戏;两分钟预备铃时,朗朗上口的"洗手三部曲"在各班教室里响起;口号征集行动中,孩子们精心设计了富有创意的用厕礼仪提示语……

通过一次次活动,如厕礼仪渐渐内化成学生的自觉行为,厕所的面貌也悄悄发生着变化。

家长会上,有家长笑着对班主任说:"老师,现在我家孩子回到家就给我们进行'用厕礼仪教育',还要教我们'洗手三部曲'呢!"

每一个孩子都是一个接收体和发射体,他们接收着来自个人、学校、家庭、社会的信号,同时也传递着他们接收的各方面信息。丰富多彩的活动让他们对"Toilet 文化"有了全新的认识,改变着自己的行为。这就是教育家陶行知先生倡导的"生活即教育"。

除了在"人"这方面下功夫,作为总务主任,我还积极地在"物"的层面上加大力度。在社会心理学上有一个"破窗效应",即环境会对人们的心理造成暗示性或诱导性影响。所以,我提请保洁阿姨增加保洁次数,尽可能保持厕所环境的整洁;要求维修师傅定期检查龙头、水箱,确保正常使用;请广告公司将学生们设计的用厕礼仪提示语制作成富有童趣的宣传画张贴在厕所内，还在厕所里粘贴了除臭剂。去年暑假，西部校区大修，不仅对学生厕所的结构进行调整，增加了女厕所的厕位数量，使之更趋合理，厕所里的设施也随之更新换代。以至于大修后的第一次大型活动——元宵灯会出现这样的趣事——孩子拉着家长志愿者的手，兴奋地说："妈妈、妈妈，先不要到教室里包汤圆，先来看看我们的厕所，好赞的！"

"看，我们的厕所多亮堂，有绿植、厕纸，水龙头里有温水。还有，这条温馨提示语是我设计的！"

厕所，是一个不大的空间，但它也是一扇窗口，折射着学校的风貌，折射着孩子们的精神面貌和行为举止的转变。

不求做名师
用心做明师
有明师崇德尚礼
用爱浇灌学生心田

书香芳草地

钱海燕

有人说:"浩瀚的书海,乃人类最伟大的创造品。"

的确如此。通过阅读,我们可以跨越时空,了解古今中外的事情,可以从各种书籍中获取丰富的知识。"腹有诗书气自华",一本好书往往能改变人的一生。

在多年的图书馆工作中,我始终把阅读推广作为首要任务。每一个孩子的美好人生,都应该从阅读一本好书开始。所以,在工作中我尽可能地给每一个学生创造更多的借阅机会。

然而在借书的时候,往往有那么一些学生不按常理出牌:该轮到他还书的时候,他忘了;不该他借书的时候,他来了;还有的只知道借,不知道还;甚至会碰到撕掉条形码、弄丢书籍的极端个例。

我常常会板着脸对这些学生说:"再给你最后一次机会,下次再这样就不把书借给你了。"这是我对学生说过的最多的一句话,但却从没有兑现过,他下次即便又犯错了,我还是会照样借书给他。因为我考虑到,孩子们学习任务这么重,他能来借书,这说明他是多么喜爱阅读啊,多一次借书的机会,就能多看一本书,这是多好的一件事啊!

学生来图书馆借阅,有的目的性非常明确,知道自己喜欢哪一类书籍,借书过程也就非常顺利,也有相当一部分同学既没有目标也不了解自己的喜好,常常会在选择书籍上浪费大量时间或者随便拿一本了事。有一次,我注意到一个学生在书架前已经徘徊了很久,却始终选不出要借阅的图书，就走上前询问他原因。他说："书太多了，我不知道要选哪一本。"我了解了他在读的年级、平时的兴趣爱好等情况后，向他推荐了几本图书。最后他从我推荐的书目中选择了两本，喜滋滋地借走了。

这件事情以后，我针对一部分学生在图书馆无从选择图书的尴尬情况，采取了一些措施：选择一些借阅率比较高的热门书籍，集中在一个书架上供学生选择借阅；制作了一些优质图书的内容简介贴在图书馆的醒目位置；在每一类图书旁标上它的类型。这样就缩短了学生的借书时间，把宝贵的时间留在文本阅读上。现在，图书馆已成为大部分学生最爱光顾的场所。

闲聊时，有班主任跟我谈起："有些学生喜欢到图书馆来，就是因为这里既漂亮又安静，从里到外地逛一圈也觉得开心，而每次借回家的书看了多少还真是要打个问号呢！"我听了，笑不作答。我想，或许学生现在阅读习惯还没有养成，但至少他到图书馆来借书的习惯已经在慢慢形成了，兴许一段时间以后，借书的兴趣就转变成了阅读的兴趣。我们要做的就是正确引导和耐心等待。

俗话说，读书的孩子不寂寞，读书的人生不虚度。作为图书馆工作者，我们应该深思：如何引导学生去正确面对纷纭繁杂而又丰富多彩的世界，博览群书，开阔视野。我坚信只要持之以恒地激发学生的阅读兴趣，教会学生掌握正确的阅读方法，培养学生良好的阅读习惯和阅读能力，课外阅读就可以变成学生的自觉行为，为学生的终生学习打下坚实的基础，不断提升学生的人文内涵和科学素养，从而让阅读充实学生生活，伴随学生健康成长。

"这世上如果有天堂，天堂应该是图书馆的模样。"我期望图书馆这片洋溢着书香的芳草地能成为每一个孩子成长的乐土。

第三篇章
徜徉智慧的课堂

教育需要有思想的实践者。教师要饱含激情、崇尚真理、勇于创新、教学相长，让心灵与心灵相拥、智慧与智慧相生，让课堂因细节而精彩、因生成而灵动，让课堂成为学生收获责任、自信、成功、快乐的土壤。智慧课堂是师生生命成长的原野，梦想在这里起航……

从"一个人"到"一群人"

——关于"我们"的故事

宋莉芳

我

三年前,走进语文问题化学习小组的我,曾多次参加市、区的教学比赛与展示,算是一个成熟的小学语文教师。可问题化学习倡导将"师问生答"的教学方式转变为"生问生答",常让我怀疑和困惑:语文课真的能这样上吗?

我的问题化学习课堂在全校语文老师面前的第一次亮相:五年级上《采蒲台的苇》。

最终,课严重超时,其中请孩子充分提问并梳理问题,已花去课的大半时间。最让我郁闷的是,平时还算热闹的课堂,那天却显得沉闷。

课后,安姐这样对我说:终于迈出第一步,不容易。今天的课一半是问题化,一半还是老师牵着在教。有舍才有得,老师学会放手,才会有学生真正的自主。

安姐的话促我反思:问题化学习的核心价值在哪里?同样都是问题解决,老师提问与学生提问区别在哪儿?让孩子从"学会"到"会学",我该做些什么?

一个学期后,我的再一次尝试——五年级下《天窗》的教学。课堂上,孩子自主提问并梳理,给重点问题排序,聚焦核心问题,将核心问题拆分成子问题并自主探索解决问题的方法。

"学生能寻找自主解决问题的路径，更能借助问题系统有条理地表达自己的观点。这是突破！""这是有思维含量的语文课！"专家的褒奖鼓舞着我。最让我自豪的，是听课老师的羡慕："你们班的孩子不得了，学习能力这么强！"当然，也有老师这样说：这些孩子是怎么培养的？对了，你们班原来基础就是好，换作我们班的孩子可不行！

只有我们班孩子行，其他班级里的孩子真不行？这个问题的答案，我想，她和她们是知道的。

她 和 她 们

那时我是备课组长。她和我同一组。

那天，她回到办公室，笑着告诉我："今天我班的孩子问我：后面几篇课文能不能也用宋老师的方式学？"

因为《天窗》的试教，我来到了她班。自主提问，孩子们发言踊跃。但是，当我把这些问题一一板书，问他们遇到问题该怎么办时，孩子们的眼神中透出困惑。他们习惯等待老师，此时有些茫然。"看看这些问题，你有什么发现？""这个大问题能不能拆成几个小问题？"……在我的引导下，举起的手变多了，一些孩子的脸上放射出兴奋的神情。

课后，我抑制不住激动："最后提的那个问题，我在备课时也没有想到呀！"她也一样惊喜："是的，竟然有孩子能回答这样的问题！""孩子们在课上多么积极，你以后也用问题化学习的方式来上课吧！"当我这样对她说时，她并没有给出明确的回答。

可是今天，当孩子们跑去跟她说"我们的课能不能也像昨天宋老师那么上？"时，她坐不住了。这是孩子最真实的学习需求！这是他们想要的课堂！她怎能置之不理？就这样，她成了我的"战友"。

慢慢地,我还惊喜地发现,革命同志的队伍在悄悄壮大。瞧,我前面朱老师的桌上也赫然放着一堆预学单,正认真批改。走过隔壁班沈老师的教室,孩子们正为谁的问题好而争论呢!

2013 年,流行这样一个问题:你幸福吗?那年的备课组总结,我们对于"幸福"两字做了这样的注解:幸福,是看到课堂上学生会积极质疑,主动探索,学习兴趣浓厚,学习能力日益增长。幸福,是看到了学生的进步,也发现自己得到了成长。幸福,是拥有十多年二十多年教学经验的我们,突然发现又有了刚工作时的那份热情与活力……

我　们

当我走上语文分管的岗位,我一直在探索:该用怎样的方法来传递这份幸福?

新学期开始,组长龚老师愁眉不展地来到我面前:从五年级回到一年级,要关注基于标准的教学与评价。这问题化学习的事情,可得放一边了。我明白她的心思,一年级嘛,肯定先从激发兴趣,培养习惯入手。

我安慰并向她建议:不用焦虑!我们把这两件事合起来做!低年级的教学重点就是识字,我们已有的"问题化识字"的研究,就是为了激发孩子的学习兴趣,培养孩子的学习习惯而设计的。你试着在你们班的孩子身上试试,如果效果不错,就推广到备课组。推广的方法很简单,邀请备课组老师到你课堂上看看孩子的表现,保管让她们羡慕!看我信心十足,龚老师有些半信半疑。

没过多少时间,当我再次看到龚老师时,她满面笑容。"我班的问题化识字已经初步获得成功,学生热情高涨,每次学习生字就起劲得不得了!"她还神秘地告诉我:你的方法不错,备课组的老师都到我们班来过了,也都开始在自己班尝试起来了呢!

正如龚老师所说,走进一二年级的课堂,那些有着二十多年教龄的老教师们也在积极尝试问题化识字,加上个性化的创新,已然成了课堂上最动人的一道风景。

家长开放活动日,家长们惊喜之余,偷偷交流:一回家就被孩子拉着玩生字问答游戏呢!在刚结束的区"基于课程标准的教学与评价"教研活动中,"问题化识字"得到了教研员朱老师和各校听课老师的一致好评,并成为经验推广到各校。

到课堂上来,看学生的变化!这个简单的方法触动了我们身边很多人,问题化学习的种子就这样种在了大家的心里。从组长到组员,有越来越多的老师加入我们研究的行列,从研究课到常态课,课堂革命已在一中心的各个角落悄悄酝酿。

研究无止境。我们会用更积极的研究态度,更智慧的方法,发掘更多孩子的学习潜能。让一中心的课堂,真正成为师生智慧和人格生成的地方。

"问"之乐

王 蔚

"王老师,我有个问题,"那天,数学课《毫升与升》刚刚结束,小冉就迫不及待地走到我身边,"书上说,液体的常用计量单位是毫升与升,可为什么平时还会看到用'立方米'来计量水呢? 还有,升、毫升和重量之间会有什么关系吗?"

真是个勤学好问的孩子! 我心中不由暗自赞叹,举起手中还未来得及放下的粉笔,刚想转身在黑板上写写、画画来解答他的困惑,心念一转,却放下了手,对他说:"你很会思考哦! 不过这两个问题你能自己想办法去解决吗?"

"我想想……"他摸了摸自己的头,"我可以去网上查查资料。"

"那你就去试试吧! 如果有了答案,还要请你在班级中与同学们进行交流的哦。"我拍拍他的肩,对他说。

"嗯。"小冉点点头,脸上的神情有困惑,也有期待。

以前遇到学生提问题,我总是第一时间回答他们,虽然有时也会让他们带着问题课后自己思考,但后续跟进的并不多。现在学生已经进入四年级了,我想,不妨试试让他们自己去探究,说不定会有意想不到的效果呢!

两天后的课间,我问起小冉进度如何。他兴奋地搓着手:"很有收获。快了快了!"其他学生听着我俩的对话,丈二金刚摸不着头脑。小冉也不多说,只是神秘地笑笑。

五天后,他拿着一张纸来找我:"老师,上次的问题我找了资料,这是我整理的。您帮着看看吧。"

我拿起一看,端端正正的字差不多写满了整整一页 500 格的文稿纸。"这些答案都是从互联网上找的吗?"我问道。

"不全是。这几天我放学就去图书馆,有些资料就是在那里查到的。哦,对了,资料上说计量较多的液体容积时,就用'立方米'作单位。我回家特地找妈妈看了家里的自来水账单,果真是这样! 上面用水量就是用'立方米'做单位的。"聊起这些天的破解问题之旅,小冉说得眉飞色舞。

这件事的结果也大大出乎我的意料之外。小冉不仅发现了问题,还自己找到了问题的答案。更重要的是,在这个过程中,他不但像一个学者那样探索未知,而且享受着求知的快乐。

看着他开心的样子,我突然有了一个新的想法:"你能不能再准备一下,不但跟大家分享你找到的这些答案,还把这次想到了问题,然后自己查找资料、解决问题的过程也跟大家一起分享?"

"好的,这很有趣呢!"他满口答应了下来,眉宇间一副跃跃欲试的神情。

几天后的一个中午,我们班的"数学小乐园"第一讲开始了! 小冉带着他自己做的 PPT 走上了讲台,我和全班同学就是他的听众,听他讲述怎样由数学课上的学习内容想到新问题,如何去查找资料、找答案,并寻找生活中的素材加以验证。同学们对他的发言报以热烈的掌声。小冉笑得嘴都合不拢……

"同学们,听了小冉的交流,你们有什么感受?"

"他讲的就是从数学课堂上延伸出去的问题。"

"他不光提问题,还自己查资料解决问题。"

"我们如果想到了新的问题,也可以这样做的。"

……

你一言,我一语,孩子们说个不停。

"那你们也愿意这样来交流自己的数学学习小故事吗?"

好几只小手举了起来……

就这样,我们班级的"数学小乐园"交流活动成了大家每周期待的固定节目,至今已经进行了 23 讲。其间涌现了不少的数学小达人,有能把圆周率背到小数点后三十位的记忆小达人,有数独游戏小达人,有从商场打折发现数学问题的提问小达人,有从数学游戏背后发现数学奥秘的思考小达人……有的孩子平时寡言少语,上课回答都还有些胆怯,却也能鼓足勇气走上讲台,甚至为此在家对着镜子一练就是好几天,还发视频和语音给我听取建议,就是为了争取在班中有精彩的亮相。

"老师,我还有个问题,可不可以这样想……"

"听了他的回答,我有话想问问他……"

"学了这个知识,我又想到了新的问题……"

现在,我们班的数学课上常常能听到孩子们这样的话语,他们渐渐习惯了带着问题来学习数学知识。"数学小乐园"活动,让孩子们更加会"问"、善"问",并且尝试着积极解"问",他们正享受着"问"之乐趣。

做手持"魔杖"的老师

朱璟贻

　　想让一个孩子变得更聪明，是多么简单啊，让他去大量阅读吧！书籍就是一根魔杖，会给孩子带来学习上的一种魔力，能让他的智慧晋级。

——摘自尹建莉《好妈妈胜过好老师》

　　作为一个语文老师，我希望我这一个班的孩子都是被"魔杖"点中的幸运儿。让他们爱上阅读，是我义不容辞的责任。

　　一届新生入学了。我把家里的绘本全数搬到教室里，天天给孩子们讲故事……看着一双双眼睛闪着期待的光芒，我知道——有戏了！刚开始还有些萌娃东张西望地不以为然，但在我声情并茂的朗读中，他们逐渐入情入境。放学时，我还常常把这些书当作奖品，奖励给孩子们带回家去和家长一起看一晚。为了能获得这份奖励，孩子们听故事更认真了。

　　绘本读完，我又买了一套"笨狼系列"，给小朋友讲《笨狼的故事》，每天一个小故事，一本书就这么慢慢念完了。傻傻呆呆又非常可爱的主人公笨狼引逗得孩子们开怀大笑。不少孩子央求着家长买一套回家，在我讲之前就自己先阅读了，然后像献宝似的告诉我后面的情节，骄傲地充当起其他孩子的"说书人"。故事激励了孩子主动阅读，这正是我所希望的。

二年级,我选择的故事开始渐渐有了深度,希望留给孩子思考的空间。一次班会课上,我给孩子们读了两篇文章《八岁的巨人》《一个十岁儿子对父亲的忠告》,问问小朋友听后的收获。孩子们的见解出乎我的意料:"要勇敢面对,要坚持,坚持到底就是胜利。""真诚,要诚实。"原来小小的他们听懂了故事的内涵,虽然表达得不够准确,但确实是理解了。小羽对这两篇文章的理解更是令我大吃一惊:《八岁的巨人》——有勇气就能战胜所有困难;《一个十岁的儿子对父亲的忠告》——不要被贪心所欺骗。

一次读书活动后,有家长在班级群中留言:"朱老师,前两天欣欣对他爸爸说:'我向你推荐一本书《我要笑遍世界》。朱老师给我们读了。我觉得特别适合你(爸爸是完美主义者)。遇到麻烦要积极乐观,一切都会过去。'我们蛮惊喜的,可见老师的影响力,传授知识,更传递态度。"

的确,阅读习惯会传递。从孩子到家长,家庭阅读氛围逐渐浓厚起来。每晚半小时读书时间,爸爸妈妈放下手中的事,有的和孩子亲子共读,有的各自捧一本书静静阅读。父母和孩子互相学习、互相影响,为孩子的阅读助力。

家长们还将对阅读的支持传递回了班级。小朋友把自家的图书放在教室书架上和伙伴分享,形成了我们班的图书超市。课间课后,或三三两两凑起小脑袋交流书中有趣的片段,或独自一人手捧一本书默默阅读……有的家长将生日送蛋糕到班级的做法自觉转变为送一套四十多本的书,小朋友分享的生日礼物居然也变成了图书,真好! 看到多位家长把各种各样的书籍送入班级,我内心充满着感激与感动。家长这新颖的做法、爱书的心思和智慧的传递,让我的兴趣引导更为可行。

随后,我以家长赠送的《小牛顿科学馆》丛书,开展"阅读漂流"活动。一轮下来,每册书都漂流了十多次,也就是说,每个小朋友都看了十多本不同的科普读物。更可喜的是,很多孩子按我的要求,将阅读时的随感写在书的夹页中。这次活动,孩子们确实收获不小。

再往后,部分图书进行了小组漂流,由小干部进行分组管理;班级图书超市实现了学生自行造册、自主借阅,一切都是那么井然有序。

"兴趣是最好的老师。"阅读兴趣的培养就是这样靠平时点点滴滴的积累,靠坚持不懈地跟进:创设阅读环境,催生阅读兴趣;精选读物,激发阅读热情;交流读书感受,提高阅读质量;联系课堂教学,升华阅读品质。阅读兴趣的培养是指导学生课外阅读的第一步,只要教师和家长相互配合、持之以恒地激发孩子的阅读兴趣,培养良好的阅读习惯,掌握正确的阅读方法,阅读就会逐渐成为自觉行为。

作家肖复兴说:"能够热爱读书并能懂得怎样读书,对于一个孩子真是最大的财富。"一本书就是一艘船,老师和家长无法带学生到达的地方,书可以带他们到达。书籍就是这样的一根"魔杖"。培养孩子良好的阅读习惯,能让他的智慧晋级。我就是要做这样一个手持魔杖的老师,点亮学生智慧,也点亮自己的成长之路。

学有所乐，教亦有所乐

冯　洁

四年级的音乐课，在第二单元中有一个很有意思的歌唱教学内容，叫作《唱京戏》。这首歌曲不一般，它改编自京剧唱段《苏三起解》，重新填词，将京剧的诸多特色写于其中，唱来抑扬顿挫，婉转流畅，气势不凡。

这个教学内容好好挖掘，很有特色，但对于我来说它是一个挑战。一来我对京剧比较陌生。二来此曲其实就是一个京剧唱段，旋律上高低起伏，节奏复杂，对学生来说难度着实不小。因此这课还没开始备，我的眉头就已经开始"打结"了。

怎么办？有了！先上网去搜集一下资料，补补课！一阵"遨游"之后，我发现原来京剧的历史文化如此悠久，流派唱腔精彩纷呈，百花齐放。这么优秀的传统艺术，我们的学生怎能一点都不了解呢？想到这里，我决定将这一节课作为我校四年级学生了解京剧的一个起点，就让我带领学生一起感受它的魅力吧！

我胸有成竹地走进课堂，但是一腔热情却在试教后被"浇上了一盆冷水"。首先是教学内容设计太多，一心想把所有"精华"知识传递给学生，但却犯了"贪多嚼不烂"的毛病。其次，没有用巧妙的方法帮助学生化解旋律起伏大，节奏上一字多音频繁的难点，使得它们成了阻挡学生了解京剧的"屏障"。

怎么上好这节课呢？这个问题再一次地摆在我面前。教学内容太多,是否可以尝试将一部分的背景了解通过学生自己的预习去完成呢?旋律节奏有难度,我该如何设计出一个好的方法能促使学生迎难而上,兴趣不断呢?

我又开始了新的尝试。首先,我在执教的八个班中开展"大家聊京剧"的信息征集分享会。学生可以通过上网查找相关信息,如京剧发展的历史、京剧名称的由来、名家名曲等,也可以采访身边喜欢京剧的长辈,了解他们为什么对京剧如此热爱。最后大家在预备课上一起分享。果然,学生们收获满满:有的向同学们介绍起京剧脸谱的分类和含义,有的则转述了从祖父辈那里听到的梅兰芳的轶事。更有甚者还现场表演了京剧的亮相动作,一个灵活的"劈叉"加上双手有力的配合,活脱脱一个精气神十足的京剧小武生! 精彩表演获得了同学们的交口称赞。有了这样一个好的开端后,我对正式的新授课增添了几份信心。

接下来,就该设计教学过程,突破教材难点了。我利用学生好奇心强和喜欢游戏的心理特点,将整个教学过程变成一个"开宝箱游戏",将四个乐句和四大知识放置在宝箱之中,以"开宝箱——学乐句——得知识"的模式进行教学,以此来分散乐曲学习难度,也可以避免从头至尾学唱所带来难点集中的问题,实现知识和技能的有机结合。

那什么才能够成为打开宝箱的"钥匙"呢? 通过对教材的不断分析,我发现歌曲的节奏最为复杂,而学习节奏的方法离不开"念、拍、敲"。京剧中的伴奏乐器锣、板、钹、鼓所组成的音响效果十分有趣,如果可以将其发出的象声词与不同音符形成联系,比如:四分音符读作"呛"(模仿锣的声音),八分音符读作"才"(模仿钹的声音)。以此方式来念读节奏,我想节奏难点反而会成为节奏亮点,我把这把"钥匙"称为"锣鼓经"。

有了新方法,我又一次自信满满地进行了试教。首先,我把自己装扮成京剧演员,进行示范演唱。一曲完毕,就获得了同学们的阵阵掌声。他们的学习热情被激发了。我趁热打铁,推出了宝箱游戏。果然,它的出现就激发起孩子们的好奇心,都想打开宝箱看看里面藏着什么宝贝。锣鼓经这把"钥匙"就像流行的 RAP,学生们越读越带劲儿,一只只小手举得高高的,嘴皮子一个比一个溜,节奏难点在"呛呛,以才才才呛!"中被一一化解。之后再进行不同乐句的聆听和师生对唱,此时学生与古老的京剧之间的隔阂已经完全消融了,纷纷拿腔拿调地跟着老师、跟着琴声轻声哼唱,越唱越像样,越唱越有味,学生们已经完全投入到这一脍炙人口的戏曲音乐中,21 世纪的小学生与这一古老戏剧之间的距离越来越近。吟唱后,宝箱徐徐打开,其中蕴藏的宝贵知识和有趣体验让学生在预习的基础上对京剧表演又有了新的感受。"四大行当我来演"的环节最受欢迎,男生"扮演"起了小生、武生、花脸、文丑,女生则都成了美艳动人的"贵妃"或是英姿飒爽的"穆桂英",偶尔还有一个可爱机灵的小花旦。"猜猜我是谁"的游戏让学生对于脸谱颜色和角色性格特征有了深一层的认识。这堂课取得了很好的教学效果。

课后,有学生对我说:"冯老师,我觉得京剧的知识太丰富了,中国人有京剧很了不起!""我觉得唱起来很帅,很带劲的!""冯老师,您有没有京剧《孙悟空大闹天宫》的视频,我很想学学孙悟空的招式!"看到学生们这么起劲,我又给他们讲起了京剧演员幼年学戏的艰辛与刻苦,让他们知道要成为一代名家是多么的不容易,自己在平时的学习中也要有这样的精神。

回想到这一节课的成功,我在为这么多学生对京剧产生了兴趣而欣慰的同时,更为自己"不惧困难,大胆突破"的精神而振奋。每一次探索和尝试都是教师前进的步伐,每一次教学的失败或成功都是教师成长的动力。学有所乐,教亦有所乐,乐在其中,幸福亦在其中。

雾霾天也能很精彩

张亚琴

又是一个雾霾天。一大早，我正在走廊上为今天的室内体育课内容发愁，忽然看到一个小男孩在走廊模仿溜冰的姿势，快速向前滑着，玩得不亦乐乎。因为怕他摔倒受伤，我马上上前去制止了他。小男孩怯生生地说道："老师，我是在练习花样滑冰，你没有看冬奥会吗？花样滑冰很厉害的。"

对啊，最近索契冬奥会正在如火如荼地进行着，没想到低年级的孩子也会对冬奥会这么感兴趣，那不妨就在室内体育课上给孩子们介绍介绍冬奥会的知识吧。当即我就回到办公室，利用一节空课的时间，收集了一些相关的知识、视频和图片，准备给同学们好好讲一讲索契冬奥会。

上课铃响了，我一走进教室，发现同学们早已经绑好了绳子，一双双小眼睛流露出期盼的眼神，就等着我来整队了。当我说由于雾霾，不能上室外课的时候，一张张小脸都露出了失望的表情，有的还发出了叹息声。

"同学们，虽然雾霾天我们不能去室外，但室内体育课也可以很精彩哦。"我一边稳定着同学们的情绪，一边在电脑上播放了一组冰天雪地里的小企鹅动画，带领着学生们跳起了企鹅舞。孩子们伴随着音乐摇摇摆摆地跳起来，慢慢进入了上课的状态，逐渐忘记了刚才的失望和难过，开始兴奋起来。一遍企鹅舞跳完，孩子们的脸上都露出了灿烂的笑容。

"同学们,刚刚我们模仿的是什么小动物呀?"

"是企鹅!"同学们异口同声地回答。

"对,企鹅生活在南极,那里非常的冷,冰天雪地。那大家知不知道,最近有一场体育比赛,也在一个有很多冰雪的地方举行,你们知道是什么比赛吗?"

"冬奥会!"有一个孩子脱口而出。

随后,我通过视频给同学们介绍了冬奥会的基本项目设置,还观看了我国运动员夺冠的视频。当看到运动员夺冠的时候,同学们兴奋地发出阵阵尖叫声,一个个手舞足蹈,并且都迫不及待地参与到了关于冬奥会的讨论中来:"花样滑冰好厉害啊!""我也滑过雪,我喜欢滑雪!""为什么这个姐姐滑的跟前面那个姐姐不一样啊?""滑冰好有趣,我也想学滑冰。"……运动的火种就这样在孩子们心中悄悄埋下。

接下来是"你写,我猜"的游戏环节,同桌的两人为一组,一人在另一人的背上写出某一个冬奥会的项目名称,被写字的同学要猜出这是什么运动项目。游戏的目的就是把冬奥会的知识与感觉统合训练结合起来,不仅可以培养学生的注意力,还可以传授体育知识,训练学生的感觉统合系统。同学们在游戏中玩得乐此不疲,一个个笑得前俯后仰,全身心投入到了游戏中。

"同学们,游戏结束了,现在老师来考一考大家的记忆力吧。冬季奥运会都有哪些运动项目呢?"

"老师,我知道,有速度滑冰、自由式滑雪。"

"有花样滑冰。"

"我知道我知道,还有冰壶。"

"还有越野滑雪、冰球。"

……

一个个运动项目在一片欢声笑语中被大家熟记于心。直到下课铃响了,孩子们还在兴致勃勃地讨论着。

通过这节课,我深深感觉到只要做到以学生的兴趣为出发点,依据学生年龄特点来设计教学活动,创新教学手段,室内体育课一样能上得很精彩,一样能受到学生的欢迎。

在"兴趣化"教学的大背景下,将兴趣化与信息化相结合,再结合感统训练,或许是小学室内体育课可以尝试的一种模式。比如,我们可以结合时事热点,通过图片、视频等直观形式为学生介绍各类大型赛事,讲解体育运动项目的基本规则,教会学生如何欣赏体育比赛等。另外,还可以设计一些练习学生的灵敏性、平衡性以及反应速度的小游戏,将感统训练与体育知识传授相结合,开展形式多样的室内体育教学活动。

老师,我不想摇绳

龚雅艳

"小华,你能不能摇快点!这么慢我们怎么跳啊?"

"你们两个摇绳能不能用心点?绳子都没打到地上!"

"怪不得我们总是跳坏掉!"

循声望去,我摇了摇头,又扭头看向另外一组:跳得很和谐,一个接一个,既连贯,又有速度。

这是一次体育课的长绳练习,我按照以往的教学经验,选择手臂力量比较强的学生负责摇绳。这才没多久,其中一组就传出了不和谐的声音。正当我打算解决纠纷时,看似和谐的那组中两个摇绳的学生向我走来,两人互相看了一眼,一人开口说道:"老师,我们不想摇绳,我们也想跳。小伟说,只有跳得好才可以去比赛,才可以为班级、为学校争光!我们也想像他们一样勇敢地冲进去再跳出来,那样多帅啊!"

还没容我开口,那组备受责备的摇绳学生也过来了,垂头丧气地说:"老师,我们也不想摇绳了!"

这可怎么是好?看来学生对于摇绳和跳绳两者间的关系认识很模糊,还不知道这项集体活动要相互配合才可以圆满完成。于是,我来到刚才跳得很流畅的这组学生中间,和另外一个学生拿起了绳子开始摇绳,同学们都围过来了。我说道:"老师刚才看到你们跳得很棒,想过来看看,你们是怎么跳的?"

学生们一下子兴奋起来,纷纷向我展示他们的本领。正当他们跳得酣畅淋漓时,我故意甩慢了半拍,一个学生断了,紧跟其后的两个学生摸不清节奏,也断了。我说:"别泄气,再来一遍试试。"

这次,我又故意"吊绳",跳进来的学生一定要跳得很高才能过,结果有的学生弹跳力不行,又跳断了。我"责备"道:"跳高点不就过了么,这么低也跳不过啊?"

学生们在一旁窃窃私语:"老师摇得节奏不对!""老师摇绳时绳子没打在地上……"

趁着大家都在议论,我停下了手里的绳子:"同学们,你们觉得摇绳和跳绳,哪个更重要?"学生们有的说"摇绳",有的说"跳绳"。

我顺势推波:"刚才你们也看到了,为什么跳得很顺利的一组换上老师摇绳就失误不断? 跳得再好的同学也断了呢?"学生们结合刚才的情景,陷入了深思。

"同学们,不管你是摇绳还是跳绳,对于长绳这项活动来说都是同等重要! 当发生失误的时候,不能一味地责怪对方,可以委婉地提出建议或者要求,用诚恳的语气跟对方说:'稍微快一点会更好。'……"

此时,学生们都流露出了惭愧的表情。"小华,你摇的时候速度稍微快一点就更好了。""小丽,还是你们两个摇绳吧,你们摇得这么好,所以我们才能跳得那么得心应手。如果手酸了我们来换你们……"

接着,我把摇绳的正确动作又示范了一次。随后,两个小组继续练习。这一次,两组学生都跳得不亦乐乎。

学生的世界是纯真的,是简单的。他们不开心就会闹,高兴了就会笑。在课堂教学时、练习过程中,分工不均等、难度系数不一致或者体现不出各自价值,都会引发学生剧烈的思想波动,不仅仅表现为有的学生失去积极性,还会出现相互埋怨的情况,紧接着合作就会散架。

所以,一旦发生不和谐的场面,作为教师,一定先要了解情况,再进行教育。如果我当时不分青红皂白地把不愿意摇绳的同学换掉，那么还会出现第二批、甚至更多不愿意摇绳的学生；如果用老师的威严强制他们摇绳，就会出现不合作的现象，表面和谐心里不舒畅，结果当然还是会不尽如人意。

反之，从交流到学习再到磨合合作，学生的进步就会很大。在这次调解中，学生学会了怎么交流沟通，学会了怎么合作可以最大效益化，最重要的是深刻了解了集体项目中团队合作的重要性。

我想：他们在这节课中学会的，不仅仅是跳绳和摇绳……

勇当教学改革弄潮儿
有明师磨课研法
用心做明师
不求做名师

"节外生枝"的一堂课

蔡永跃

一天,四年级数学办公室的老师们正批着练习纸。何老师突然对着练习纸上的一道计算题 $125 \times (8+40) \times 25$ 感慨:"怎么这道题学生的错误会这么多,难道乘法分配律这节课都白上了吗?"沈老师也深有感触地说:"我班 43 人,居然有 22 人错。"

这时潘校长正好走过我们办公室,听到大家的讨论走了进来。他拿过练习纸看着学生们的错误题目,笑着说:"有意思,有意思,这是一道很好的题目。"然后,潘校长对着我说:"蔡老师,明天你借我一个班,我来尝试一下。欢迎各位老师一起来听课,我们一起来探讨一下,就作为一次教研活动吧。"办公室里顿时炸开了锅,有的老师说:"就这么一道题要上一节课,有什么可以探讨的?"还有的说:"什么也不准备,明天就上,不愧是大师!"……

第二天下午第一节数学课,全校的数学老师,准时来到四(2)班教室,大家怀着好奇和憧憬来聆听潘大师的课。同学们也比较兴奋——今天是校长亲自为大家上课,当然要好好表现一下啰。

上课开始,潘老师在黑板上写了一道数学计算题:$125 \times (8+40) \times 25$,然后问:"同学们,这题你们会算吗?"同学们异口同声说:"会!"潘老师又接着说:"真的会算?数学是讲道理的,你们能不能做好以后讲讲道理?"学生满怀信心地开始做了,部分学生做好以后,还在自己轻轻讲着每一步的道理。等学生做好以后,潘老师请大家交流自己的算法。

学生1: $125 \times (8+40) \times 25$
  $= 125 \times 8 + 40 \times 25$
  $= 1000 + 1000$
  $= 2000$

学生2: $125 \times (8+40) \times 25$
  $= 125 \times 48 \times 25$
  $= (125 \times 8) \times (6 \times 25)$
  $= 1000 \times 150$
  $= 150000$

学生3: $125 \times (8+40) \times 25$
  $= 125 \times 25 \times 8 + 125 \times 25 \times 40$
  $= 25000 + 125000$
  $= 150000$

面对着学生的多种算法,潘老师并没有直接给出结论,而是让孩子们自己来说说道理。

第一种算法的孩子自信满满地说:"我是运用乘法分配律来进行简算的。"

"这位同学在进行计算时很有巧算意识嘛!"潘老师笑着说,"你是运用乘法分配律来计算的,有道理。125 和 8 是一对好朋友,40 和 25 也是一对好朋友,这样一搭就很简单了。"随后,潘老师看着同学们又说:"同意他的请举手。"

班级中有一半同学自豪地举起了手,想着潘老师都说了有道理,那一定是对的。而那些算法不同的学生此时也有些吃不准了,有的东瞅瞅西看看,还有的和旁边的同学小声议论着,但又不敢说。

这时,小李同学勇敢地站了起来:"老师,他错了,按照他的算法,计算结果就不对了。"

紧接着又有个同学说:"老师,他这个乘法分配律用错了呀。"顿时,教室里议论声此起彼伏,一些同学也附和着:"错了错了,肯定错了。"

这时,潘老师挠了挠头:"这下把我也搞糊涂了。数学是讲道理的,你们来讲讲道理吧!"

一位同学急着说:"按运算顺序计算一下,不就知道了吗?"

潘老师顺着这位同学的想法,说:"好办法,我们一起来计算一下,就知道他的计算结果对不对了。"于是,他拿出了计算器放到实物投影上,计算的结果当然证明第一种算法算错了。那个想出验证办法的同学扬起了头,露出了发自内心的笑容。

接着潘老师又适时追问:"那这道题能用乘法分配律来简算吗?"于是,另两种算法的学生开始交流。在学生交流的过程中潘老师不时提问,让每一位孩子感受每一步运算的依据,正如他所说的,数学是讲道理的。

三种方法交流好以后,潘老师再让学生进行讨论,明确了最简算法以及它的依据。最后,潘老师让学生回顾了整个学习活动的过程,使学生明白了数学是严谨的,要讲依据的,可以通过自我检验来发现问题的。这些,不正是我们在教学中要培养的良好学习习惯吗?

就这一道题,潘老师足足上了一节课。铃声已响,但孩子们还沉浸在思维的碰撞中意犹未尽,老师们也沉浸在师生之间的头脑风暴中回味无穷。我感受了大师的魅力,并在思考:数学课的真谛是什么?学生上了一节数学课能得到些什么?

沈老师也谈了自己的体会。以往我们的教学往往渴望学生能在老师的设计、引导中得出正确的方法和答案,生怕学生的频繁出错会延误课堂上的宝贵时间,而不去正视、关注孩子们的思维——他们究竟理解了什么?学会了什么?我们常常抓住"正确"这根救命稻草,匆匆走完预设流程。可潘老师完全来了一次颠覆,课堂上就是要暴露孩子们的错误,课堂就是要让学生"节外生枝",与已有的知识经验产生认知冲突,让学生深刻体会到自己的认知误区在哪,经历知识的整个形成过程。更重要的是,激发学生的学习热情,享受学习过程中的所思所悟!

徐老师也很感慨。在课堂上潘老师特别强调让学生自我检验,来判断结果是否正确。养成良好的学习习惯会让学生受益一辈子。三种算法的讨论,让学生对知识的脉络和依据更加清晰,形成一张完整的知识网络图。在学习的过程中,教师始终是一位引导者,"你们认为怎么样?""你们同意他的方法吗?"这样的话语贯穿整节课,充分发挥学生的学习主动性。

这节课在我记忆深处深藏,永远也不会忘记。曾经有幸上过这节课的学生也会牢记一生。这样的课堂,是我们数学老师教学生涯的毕生追求!

微笑的秘密

沈 燕

一年一度的家长开放活动结束了,我边收拾上课的教具、学具,边不由地松了口气。别说小朋友,老师也有点紧张呀。

"小陆妈妈,你家儿子真是数学牛娃呀!"

"回答问题头头是道,哈会讲。"

"嗯嗯,胆子也大。"

耳边传来几个年轻妈妈的议论声。

只听小陆家长困惑地嘀咕:"我家孩子平时在家话不多的,怎么今天上课'我不同意……我有不同的想法……'那么能说,和在家像两个人似的?"

是的,小陆以前是个很内向的男孩,人很聪明,成绩也优秀,但就是不肯举手发言,平时稍有错误就难受得泪眼汪汪,同学们都说他是"大哭包"。在比较强势的家庭长大的他,一犯错就遭到"呵斥"。"我怕,怕回答错了老师会批评我,怕同学们会嘲笑我。"爱面子的他于是像小鸵鸟似的,不愿开口了。

他的变化还得从一次"微笑的秘密"说起……

那天,学习了用列表方法解决"鸡兔同笼"问题,数学课代表举手:"老师,我还会用方程法来解……"小朋友们听得满脸钦佩。忽然,看到小陆的手在桌子边缘微微升起,我微笑着用目光询问,他涨红着脸鼓足了勇气,手又举起了一半。"我还有一种方法,不是列表,也不是列方程。"他犹犹豫豫地小声说。我微笑着向他点了一下头,示意他继续往下讲。"就是抬腿法。所有的动物都抬起两条腿,那么鸡就一屁股坐在了地上,兔子还站着……这样就可以求出正确的结果了。"他边解释边做动作。哈哈哈,有趣的想法,班级里的同学一听都乐坏了。

下课后大家都围着他,"这个方法又好玩又方便,我们都学会了。"小陆听了,兴奋得两眼发亮。他悄悄跟我说:"沈老师,你朝我笑眯眯地点点头,我就知道肯定是对的了。"犹豫了一下,他又鼓起勇气说:"我,我还会其他的,下次你向我微笑,我还举手……"

一个微笑会有这么大的效应,真让我小小惊讶了一下,但惊讶过后更多的是对自我的反思。看来每一个孩子的成长都需要老师的鼓励和肯定,一个小小的微笑与点头,可能会让一个孩子产生令人惊喜的变化。

教师的微笑是学生的企盼,是学生的渴望。教师可以用微笑来代替语言。对发言较好的孩子,微笑是对他的赞赏;对于那些想发言而又不敢说的孩子,微笑就是对他的鼓励;对于发言不够好的孩子,微笑则是对他的安慰。微笑,让每一个孩子看到成功的喜悦。

"微笑的秘密"更是触发了小陆的惊人转变。上课认识了"数学家笛卡尔",他兴奋地找我:"沈老师,我在书上看到过这个数学家,明天课前两分钟可以给同学们读一读吗?"他的介绍给同学们打开了一扇神秘的数学之窗。"你知道的真多,是哪本书上看到的?""借我看看。"班级刮起了一阵数学家热。小陆俨然成为了小博士。

慢慢地,课堂上常常能听到他的声音——"我不同意……""我认为……""现在你不怕答错了老师批评你,大家嘲笑你了吗?"好朋友问他,"嘻嘻,沈老师也会加入我们中一方的,老师也不一定总是对的,谁有道理就谁对呗。"回答中还流露出些许"挑战老师"的得意。小陆成长在"小小辩手"的路上。

在我们班的课堂上,面对每一个学生,我都保持着一种寻找优点并加以赞赏的态度,给学生以安全的心理支持,他们可以无拘无束地充分表现自己,表达自己的思想、认识和情感,不怕出错和失败,因为即使错了或做得不够好,也不会受到批评。在教学中,我努力做到把微笑带进课堂,把激励带进课堂,让数学课堂像家庭那样充满温馨和亲情,以一个大朋友的身份融入学生之中,微笑着与学生进行沟通,如"他的说法你同意吗""你还有什么不同的意见吗""你想要哪位同学来帮助你","这是种不同的解题思路,真会思考"……

数学课堂是每一个学生"积极参与、激烈讨论、观点碰撞"的自主学习"大课堂",相信我们的每一个学生在和谐的课堂中都会健康快乐地成长。

这次，我为孩子们打 Call

施　黎

以前，如果你要问我自然学科教学中最怕什么？呵呵，很简单——做实验，更确切地说是最怕孩子们做实验。虽说已是一名"老"教师了，可轮到实验课还是头疼。首先，准备一大堆的实验材料是一项体力活，这倒也不是难事。难的是孩子们做实验时的"花样百出"。后来，我想出了办法，自己率先实验，把一个又一个可能出现的问题认真记录下来，在课堂上学生做实验之前，提醒学生关注这些细节。因为预防针打在前面，所以学生实验安全、快速，成功率大增，我暗自得意。

可之后参加了区教研活动，聆听了教研员陶老师的讲座后，我认识到自己原来的做法有多不妥。因为担心而不放手，扶着学生走路，帮着扫平前进道路上的一切障碍，这样风平浪静的课堂真是我该追求的吗？恰逢学校推行"生成的课堂——问题化学习"的实践研究，我决定就在我最怕的点上试一试，看看会有怎样的结果。

说干就干，科教版第六册《生活中的摩擦力》活动二的内容是进行对比实验：用测力计分别在光滑的玻璃板、粗糙的木板和铺有毛巾的平面上拉动木块前行，比较测力计读数的大小，以此发现摩擦力的大小与接触面的光滑程度有关。

课上，我先让学生预测一下，在不同的平面上拉动木块，测力计的读数会有什么结果。源于生活经验和已有知识，他们异口同声地说："当然是光滑的玻璃板上摩擦力最小，粗糙的毛巾上摩擦力大了。"

接着,我布置了任务,让学生分组做实验。学生疑惑地看了看我:"老师,真的可以开始了吗?"我朝他们微微一笑,说:"当然,有问题吗?""没有,没有!"他们对视了一眼,便欣然开始了实验。我边巡视,边记下各组的实验情况。果不其然,不一会儿,问题暴露出来了。几个小组在小声嘀咕:"怎么回事,不可能啊!"学生没有举手寻求我的帮助,而在组内议论着、摆弄着。

交流环节,只有两个小组主动汇报自己的实验数据和预测相同,其余几个小组没人举手,不约而同地选择不吭声。我请他们派代表交流一下实验情况,学生支支吾吾地说:"好像出了点问题,数据不对,但又找不出原因。"我说:"别急,你们上来演示一下吧,请大家一起来找找原因。"

一个同学自告奋勇上前演示。只见他把测力计勾到木块上猛一拉动,便开始读取数据进行记录。"不对,不对!"下面的同学马上指出,"应该缓慢均匀地拉到中间位置再读取数据,实验要求写得很清楚,他们没仔细看。"

另一组代表上前演示,整个过程似乎都没有问题,但最终的数据仍旧是与预测不符。同学们一时都没了声音,好像都被难倒了。

"慢慢地再演示一次,大家瞪大眼睛仔细观察,一定能找到原因。"

……

"我发现了,他每次拉的都不一样啊!"终于,有人兴奋地喊了起来。

我顺势又问:"那你有什么好建议吗?"

"我想提醒一下,三次实验过程中测力计拉动的角度、拉动的速度、测力计的读数时间都应尽可能保持一致,不然没有可比性了!"

症结找到啦,同学们都很兴奋。

这时角落里冒出一个声音:"为什么我们组测出光滑的玻璃板上摩

擦力反而最大呢？我们的操作很规范啊！"

邻组的男生迫不及待地走上前："怎么会呢？我来看看。"

"你们玻璃板上怎么湿嗒嗒的？"一语点醒梦中人。

原来几个人做实验时凑在一起靠得很近，哈出的气在玻璃板上凝结成水汽。玻璃板上有了水汽，水的张力导致数据有误差。所以做实验时要保持玻璃板的干燥……

时间在慢慢溜走，问题也一个个解决了。到了总结环节，我笑眯眯地说："你们很会解决问题，老师为你们打 Call！今天你们把我要说的话都抢去说了，那总结也交给你们喽！"当然，经历了刚才的研究过程，学生们总结的时候都能说得头头是道，完整全面。

以前，我习惯于帮学生做好一切准备，让他们展示一个又一个"成功"的实验，剥夺了他们思考的空间、锻炼的平台，忽视了学生的"经历"。这次尝试，让我尝到了放手的甜头。从此之后，在课堂上，我会经常抛出问题，并让学生去尝试解决。可别小看了这些孩子，只要给他们足够的空间，他们会还你一份惊喜。

学会"放手"，鼓励参与，引导探究，将动手操作与用脑思考紧密地联系起来，让我的课堂迸发出了活力。

意外的"疑问"

陈　洁

　　小学生学习数学往往乐以直观,停于表面,在深入思考探究方面比较弱。那如何让学生在课上真正就某一个知识点深入探究呢？比起老师的谆谆教诲,同伴之间的追问和质疑更能激起学生探究的欲望。在数学课上往往就某一个知识点,善于动脑的学生经常会提出一些疑问,这样的疑问能让更多的学生进行思维的碰撞。

　　记得我在上二年级《角》这一节课的时候,说到角的大小与两边张开的程度有关时,我从直角开始,一条边不动,另一条边往外拉,这个角就成了钝角。因为有实物的操作,这个知识点还是很容易懂的,全班学生没有异议。这时,突然有一位学生举手表示有疑问:"这个直角的另一条边一直拉,当拉到两条边一样平时,就成了平角,再把这条边继续拉,这个角怎么反而又变小了呢？"

　　我当时真没想到二年级的小朋友能提出这么一个有质量的问题。但是我没有立刻作出评判,而是问其他学生:你们听懂她的疑问了吗？大多数学生还是迷茫的神情,于是我让这个提问的孩子上黑板把她的意思画出来。

　　这个孩子接着在黑板上画了一个平角,再把其中一条边往下拉。

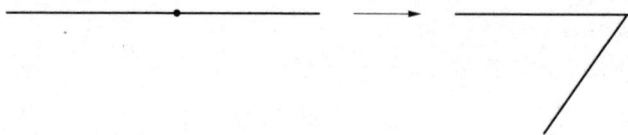

"你能不能结合图说一说是什么意思呢?"

结合图,大部分小朋友都听懂了意思。

"有道理,那为什么会这样呢?"

全体学生面面相觑,但都是紧锁眉头思考的神情。这样的冷场也没关系,如果班里大多数孩子都能对这个问题解释得头头是道,那这样的质疑意义就不大。

于是我就适时引导:"你是指的哪个角呢?"学生边上来标角的符号边回答。

"嘿,陈老师能看到两个角呢,你们看到了吗?"学生们再次开始专注思考。

不一会儿,有几个思维活跃的孩子举起手来。

"平角的一条边往下拉,这个角还是比平角大。"他边说边上来演示。同学们恍然大悟。

我顺势进行补充:比平角大的角叫优角,其实两条边所夹的角有两个,刚才提出问题的同学指出的那个角是另一个角。在图形中,如我们讲的四边形有四个角,这四个角指的是内角,实际上还有四个外角。

虽然这个知识点不是二年级的孩子要掌握的,但是这恰恰是孩子此时真实的问题,面对问题,他们迫切地想知道答案。此时,我没有压制,没有逃避,而是和孩子们一起来直面问题,利用孩子感兴趣的点进行知识的探究,我想这就是"以学定教"吧。学习因需要而生,在学习需求到来时,孩子们学得特别自主、自然。

第二大的课间,一位小朋友对我说:老师,你知道吗?比平角大的角叫优角,比平角小的角都叫劣角,锐角、直角、钝角都是劣角。课堂上的生成并没有随着下课铃声戛然而止。孩子对数学的兴趣由课内延续到课外,我的内心升腾起阵阵喜悦。

　　课堂上的生成是可以诱发的。我庆幸自己没有与有价值的"生成"擦肩而过。在以后的教学中,我要大胆打破预设的框架,对学生的意外问题,给予积极的回应和主动激疑,以睿智的追问,打开学生思维的"闸门",让学生学习的主动性与积极性得到淋漓尽致的发挥。

不求做名师
用心做明师
有明师磨课研法
勇当教学改革弄潮儿

自主思考带来的惊喜

陈 捷

我教自然学科的时间不长,接触这门学科没多久,我就发现实验最能吸引学生注意。在低年级自然课的实验过程中,我尝试引导学生自主思考,并运用已知的科学知识,预测实验结果。

空气单元的第二节课,要做"空气占有空间"的实验,我决心尝试事先不告知,而是让学生自主进行探究。

上课了,我在杯子底部固定一团干的纸巾,并把杯子倒扣浸入水中一小部分,提问:"现在,杯子里的纸巾是干的还是湿的? 说说你的想法和理由。"一个学生说:"我认为纸巾是干的,杯子还没有全部浸入水中,所以是干的。"全班举手赞同。

我把杯子慢慢地往下压。当杯子完全浸入水中后,我又问:"请你们猜测一下,纸巾现在是干的还是湿的?"全班学生异口同声:"是湿的。"

有的学生还补充说:"杯子已经完全浸到水里,所以纸巾肯定湿了。"同学们频频点头。

我没有马上揭示实验结果,也没有教授科学原理来否定学生的错误,而是耐心引导学生开展想象。

"如果把干的纸巾放在塑料袋里封口,完全浸入水中,塑料袋里的纸巾是干的还是湿的?"

"因为塑料袋是封口的,水进不去,肯定是干的。"学生一致同意。

"密封在塑料袋中的纸巾浸入水中后仍旧是干的。再想想刚才的实验,你有什么问题吗?"我耐心等待着他们发现问题。

很快,一个学生不解地问:"纸巾装入塑料袋和放在杯子里有共同点吗?"

"我觉得不一样,因为塑料袋是封口的,杯子是开口的,所以我还是认为纸巾是湿的。"

"我有一个猜想,因为杯子是倒扣的,水流不进去,所以纸巾可能是干的。"

……

课堂上发生了变化,从统一的一种意见渐渐地变成两种意见争持不下。这正是我想要的结果——记住实验结论并不是最重要的,学生们努力运用学过的知识解释、推理、自主思考,这才是难能可贵的。

就在他们充分表达意见之后,我认为该揭晓结果了。

我从水中拿起杯子,走到孩子们中间:"见证奇迹的时刻到了!摸一摸纸巾。和你的想法一样吗?""怎么可能是干的?"有的孩子一脸不可思议,摸了一下,再摸一下,显然,实验结果和他的预测不一致。有的孩子兴奋地叫起来,"耶!是干的!我对了!"

此时此刻,无论猜测正确与否,孩子们都迫不及待地想知道实验原理。我仍旧没有告诉他们答案,而是请他们小组讨论,猜猜这里面有什么奥秘。很快,有一组学生胸有成竹地举起了手。

"倒扣的杯子里,除了纸巾,还有空气。杯子倒扣着,空气无法从上方或侧面离开。空气不走,占用了杯子里的空间,水只能在杯子外面,所以纸巾不会湿。"一位学生在解说的同时,小组里的两位同学还同时表演。一位同学扮空气,坐在座位上,另一位同学扮演水,要把她赶走才能坐下。形象的演示,让每个孩子都真正明白了原因。

瞧,在实验课中,只要给学生自主思考的空间,他们就会创造出无限的惊喜。

不求做名师
用心做明师
有明师磨课研法
勇当教学改革弄潮儿

课堂，梦想起航的地方

吴王晓薇

一转眼的工夫，我任教的孩子们已迈入了小学生活的第三个年头，天真烂漫的他们乐于表现、充满梦想。课堂，我和孩子们朝夕相处的地方，同时也可以成为我能给予他们更多发展可能性的地方。我想，让他们的梦想从这里起航！

这学期开学，我提议在班里举办"Daily Show"活动，每天由一名"小明星"为大家表演一个英语节目。这个提议刚一说出口，孩子们便炸开了锅，高高地举起小手问个不停。

"吴老师，我们可以表演什么类型的节目呀？"

"只要是英语节目，形式不限哦！唱歌、讲故事、念儿歌、绕口令……通通欢迎！"

"好！"孩子们齐声回答并频频点头。

很快，Daily Show 的活动如期开始啦！孩子们的潜力让我眼前一亮，表演相当成功！有的学生边唱边跳，犹如一个音乐小精灵；有的学生自备道具，为表演增色不少；有的学生口齿伶俐，看得我们目瞪口呆；有的学生幽默诙谐，逗得我们捧腹大笑……大家在彼此心里，留下了美好的回忆，小小的课堂成了孩子们眼中大大的舞台。不过，家长会前的那一次表演，更直击我的心灵，引发我的思考。

那一天，本来轮到表演的学生不巧请了病假。我便想看看，有没有学生提前为表演做好了准备，并有这份自信自告奋勇上台表演。"有谁愿意今天上台表演的吗?"我首先把目光投向了这个星期马上就要轮到的学生们。他们紧张的表情告诉我,自己并未做好表演的准备,教室里弥漫着尴尬的气氛。突然,坐在后排的睿举起了手,微笑着表示愿意上台表演。睿,一个平时并不怎么自信的男孩儿,回答问题的声音永远轻得像蚊子叫,在课堂中默默无闻,不爱举手源于他心中的那一份不自信。所以,此时他的自告奋勇更是难能可贵,不禁让我嘴角上扬、惊喜万分。我立马把他请上了台。显然,他带给我们的惊喜还远远不止是这份勇气,一次非常出色的演出呈现在我们面前。"This is a plant …"睿面带微笑地为大家朗诵着一首英语儿歌,轻轻摇晃着身子为自己拍打着节奏,自信大方的台风已经让我默默地在心里为他点赞。吐字清晰、表达流利、声音响亮,这个节目,完美! 表演一结束,雷鸣般的掌声伴随着他从讲台走回后排,学生们吃惊的表情和赞许的目光已说明了一切。而睿,脸上洋溢着的是成功所带来的幸福笑容!

在随后的家长会上,我与家长分享了睿的故事,不仅表扬了睿在Daily Show 中的出色表现,还倡议学生们都能养成面对"任务"早做准备的习惯,远离"拖延症"从"小"做起,从小时候做起,从小事做起!

每一个学生都是世界上独一无二的个体,有的或许很张扬,有的或许很内敛;有的或许乐于表达,有的或许如睿般沉默。在未知的将来,他们每个人都有无限发展的可能性。所以,在当下的课堂中,作为教师,不能武断地认定谁绝对"不可能"成功,而应尽可能给予每一个孩子健康成长的空间和机会。

课堂,理应成为孩子们梦想起航的地方!

"荒漠"中开出花朵

张秀芳

"这道应用题怎么列方程?"我问," 小 F,请你来说说自己的想法。"

"嗯……"小 F 满脸局促地站了起来。

"小 H,你来说说看吧。"

小 H:"嗯……"他那跟小 F 几乎一模一样的脸上写着相同的迷惘和尴尬。

……

看着这对双胞胎兄弟低垂的头,我心中隐隐发急:这哥俩,什么都好,就是在学习上"少根筋"。他们的爸爸曾在气急之下说他俩的脑袋是"荒漠"。

沉住气,不着急,我暗暗叮嘱自己,随后微笑着对全班说:"小 F 和小 H 很谨慎,也难怪他们一下子说不上来,这可是我们五年级数学上的一个难点,大大的难点!"

听我这么一说,哥俩的脸色舒缓了许多,小 H 甚至充满感激地看了我一眼。

"如果能攻克这个难点,对你们今后的数学学习会很有帮助。"我接着说下去。这时,全班学生都不由自主地挺直了脊背,目光汇聚在那道题上。

怎样能让后进生也积极参与课堂探究过程,也能自主探索列方程解决较复杂应用题的方法,不仅有新意,还要有思考空间、有提升价值?

我思索着。

"孩子们,你们能把题目中的数量关系用线段图表示出来吗?"相比直接列方程,画线段图显得容易得多。巡视中我特地看了看那小哥俩画的图,嗯,还不错!那要引导他们加入探究,不妨就从此入手,我心中有了办法。

接下去的教学中,我设计了这样的环节,根据线段图设置了4个看似相似又易混淆的方程,让学生来选择正确的方程:

如图,根据下图所列的方程正确的是(　　):

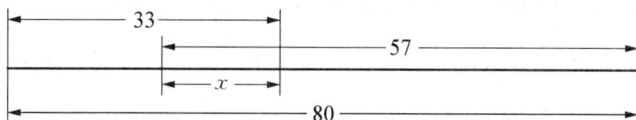

A. $33+57-x=80$ B. $80-57=33-x$

C. $33+x+57=80$ D. $80+x=57+33$

对着线段图,学生们开始了思考、分析,小 F 和小 H 也不时地在草稿本上写写、画画。开始汇报交流了,学生很快就找到了一个正确的方程并说出了分析过程。正确的方程可能不止一个哦,要一个一个地思考分析、判断、选择,我提示他们在小组里讨论交流。

各小组的代表开始举手发言。我突然瞥见小 F 的右手抬了抬,又放下,一副欲言又止的样子。他这会儿最需要激励,"小 F,你来说说看!"我鼓励道。

小 F 站起来开始发言:"我觉得第 4 个方程也是对的,其实就是把图上这一段分别接在两条线段上了。"他边说手上还边比画,越说声音越大,越说越自信。

"小 F,真棒!你也找出了一个正确的方程,这样的想法很棒。"

"原来是这样啊。"我一看说这话的正是小 H,于是我紧接着追问他

"小 H,你听得很仔细！那你能不能看图想想这个方程与刚才选出来的方程有什么关系吗?"小 H 看着线段图,也开始了思考……

就这样,我引导学生用通过画线段图来整理信息,然后找等量关系列方程的方法解决了很多实际问题。有了线段图,学生对方程的变式也更容易理解了。

"今天这种把大困难变成一个个小困难并逐步解决的办法有意思吗?"

"有意思。"大家异口同声。小 F 和小 H 也笑了。

快乐,是心灵开出的花朵;微笑,是智慧开出的花朵。

在我的脑海中仿佛出现这样一幅画面:"荒漠"中已透出绿意。这是生命的萌发。荒漠已有绿意,离开出鲜花还会远吗?

错 题 的 价 值

张亚萍

2016 学年,我有幸参加了由区教研员王老师领衔的"基于标准的语文命题编制与诊断分析"主题教研活动。在活动中,我作为一个反思性实践者,立足于教学检测与评价分析,不断整合资源,边摸索边前行,有了不少收益。

那天,我在参加四年级绿评阅卷分析,其中有一篇短文《白熊先生的苦恼》,短文结尾是这样写的:"……他要写一篇文章,刊登在他的《北极趣味画报》上。题目是:白熊先生的苦恼。第一句话是:＿＿＿＿＿＿。"要求学生们结合文章内容,发挥合理想象给白熊先生的文章加个开头。

参加答题的四年级小朋友的答案五花八门:"我非常苦恼。""今天,我一早起来发现自己的眼镜不见了!""唉,都怪我以前不注意保护眼睛,今天早上闹笑话了!""我从小不注意用眼,我的眼睛已经是近视了。""请大家好好保护自己的眼睛。"……在批阅的过程中,我根据学生的答题情况给予了0—4星的不同评价。

"咦? 为什么这个答案不能给小朋友满分?""是呀,这不是写得很确切,语句也很简洁扼要吗?""为什么这两种答题情况得分不同呢?"……一起阅卷的老师们拿着手中的答题纸,议论纷纷。

"张老师,你来说说,你的批阅依据是什么?"随着教研员王老师轻柔的声音传来,大家都把目光转向了我。我清了清嗓音:"老师们,大家说得很有道理,乍一看,这些语句作为'白熊先生写的文章的第一句',

都是言之有理的。但是,大家觉得这样的题目我们要检测四年级学生的什么呢?"

"是呀,我们的命题编制与评价的目标到底要检测学生什么? 又如何知道学生们缺失在哪里? 究竟如何弥补他们的缺失?"王老师一连串的追问让大家陷入了沉思。

我说起了自己对这道题考点的理解:"给白熊先生的文章加开头,我认为对于四年级的学生来说,不仅是考查学生能不能把一句话写清楚,更要看他们对文章结构的把握和对中心的理解。""哦,有道理。"老师们点头低语起来。我则在王老师的示意下继续说道:"批卷的时候,我发现答案有多种,如果没有中心,只是关注补充'白熊先生写的文章的第一句',那么这句话可以写的范围很宽泛。但是同时我们应该注意到这个想象说话的练习在文章的末尾,这就意味着我们同时还要关注文章结构的特点。"

"我相信张老师的解释解开了我们的疑惑。"王老师推了推自己的眼镜,认真地说道,"我在出这道题的时候的确是这样考虑的。大家可以通过这道题反思一下平常的课堂教学中是否缺失了文章结构的渗透。""一般来说,句子在结构上的作用有以下几种:(1)开头:总领全文,引出下文,或开篇设疑。(2)中间:承上启下,为后文埋伏笔、作铺垫。(3)结尾:总结全文,首尾呼应,突出中心,升华主题。"一向心直口快的陈老师不愧是教学经验非常丰富的学科带头人,对文章结构的作用分析到位。"因此这道题不仅重在学生能不能写清楚白熊先生文章的第一句话,更重在考查学生对文章结构的把握和对中心的理解。读了文章,我们不难理解文章的中心就是'保护眼睛、保护视力'。在白熊先生写的第一句话中必须要体现出文章的这个主旨。"王老师一锤定音。

接下来的几天,我们在教研员王老师的引领下,分别对几所学校的四年级学生进行了访谈,了解学生在答这道题时的思维过程。学生 A 说:"我写的是——这是我一生最苦恼的一天了。因为白熊先生的文章题目就是《白熊先生的苦恼》。"学生 B 说:"我写的是——请大家好好保护眼睛。我觉得应该要把文章中讲的道理写清楚。"

很明显,不管答案是否正确,几乎没有学生意识到要关注文章的结构特点。就这个学生知识点上的缺失,王老师又带领我们一起进行了讨论,商定了改进措施。老师们侃侃而谈,畅所欲言:"结构是一个不容小觑的要点,把握文章结构的特点,剖析言语内在的组织结构,才能品味出文学作品的精妙构思。因此在中高年级的语文教学中,我们要在语文课堂教学中以教材为例潜移默化地渗透,引导学生细读文本,把握文章的篇章结构,对文章进行整体的把握,深入品味文本谋篇的巧妙和构思的精妙。""从这次检测的错例来看,我们在语文课堂教学中不仅要引领学生关注那些明显的体现文章情感的词句,比如采用各种修辞手法的词句,还要紧紧扣住'文眼',即文章中那些最富有表现力的关键词句。它往往是作者着力刻画和描摹的中心点、结构的衔接点、主题的凝聚点、情感的升华点,能启迪学生感悟知识的灵性,收到举一反三的效果。"

小小的一道错题,寻根究源,让我们找到了教学中的缺失,更好地改进教学。这种主题性研讨活动,有助于我成为一个研究型的教师,促进了我教学决策能力的发展。

猜猜这是谁

陆春蕾

俗话说:"兴趣是最好的老师。"一次"猜猜这是谁"的写作练笔,激发了学生们挑战写作的欲望。

《放风筝》这篇课文中有一处描写人物外貌的语句:"放风筝的孩子出现了,看样子有七八岁。一张可爱的面孔,忽闪着一双大眼睛,像两颗水灵的葡萄。身上雪白的衬衫,就像空中那悠悠的白云。"在积累文本的基础上,让学生练笔写写同学的外貌是个不错的主意。于是,我决定布置一个作业:仔细观察一个同学,然后向大家介绍他(她)长得怎么样。

可看着这么一个要求,总觉得缺了些什么。到底是什么呢? 哦,是没有激发起学生写作的兴趣。看着这样一段话,连我自己都提不起写作的欲望,学生又哪里来动力呢?

换位思考后,我改变了作业要求:写出你所观察的那位同学的特点来,或是外貌的,或是性格的,或是行为的……让大家猜一猜你所描述的他(她)是谁,比一比谁观察得最仔细,对同学了解得多。这下,孩子们跃跃欲试,果然有了很大的写作热情。

只要学生愿意写,那便不是负担。收到作业后,我发现学生们写作的效率和质量都有提高。

瞧这篇——"她是一个优秀的女孩子,她坐在第一组,个子不高,戴着一副眼镜,她有一双大大的耳朵,一只小小的鼻子,还有一张大大的嘴巴。她的手特别灵巧,画的画总是让人惊叹不已,她还会做手工呢！所以,是美术老师的小帮手,她也是我们班太阳花小队的队长,我很佩服她,因为她还是我们班的运动健将,不管是跳短绳、跳长绳还是跑步,她是样样精通。她成绩优秀,活泼开朗,不用我说大家都知道她就是……"虽然还有着这样那样的问题,但对这个一直视写作为畏途的小作者来说,已经是超水平发挥了。

再看这篇——"他是我班胖小子。一双水灵灵的大眼睛镶嵌在圆圆的脸蛋上闪着稚气的光。圆圆的胳膊,圆圆的腿,走起路来,腆着那溜圆的肚皮儿。他一弯下腰,雪白的肥肉就露出来了,逗得大家捧腹大笑。最使人吃惊的是中午吃饭,他比任何人都吃得多,有时连大人都抵不上他,真是一个大饭桶,他没吃饱,绝对不会放下碗,直到吃饱为止。"这还是那个总是缺乏细节描写的孩子的作品吗？观察之细致,描写之生动,都太令人意外了。

而原本就有较高写作水平的孩子,更是写得传神:"他剪着只有一寸长的头发,几乎每根都竖起来。他的嗓子很沙哑,不知道是不是以前哭得太多了。可是他偏偏喜欢唱歌,只要一高兴,就会哼上几句。在他生气时,他那炯炯有神的眼睛就瞪得更大了,头高高地昂起,鼻翼一张一翕,同时发出呼哧呼哧的声音,嘴里还小声嘟囔着,不知道在说什么,像一只斗败的却不服输的大公鸡。他上课时思维非常活跃,在别的小朋友回答问题时,他总是要着急地发表自己的高见,他生怕老师看不见,所以把手举得高高的,身体拼命向前倾,还不停地说:'不对,不对……'"

学生们的小练笔是那么精彩,怎样才能让它发挥更大的作用呢？于是,我又改变了评价机制:不是由老师一人来打分,而是让学生们把写好的文章交换着轮流看,写下自己所猜的人物的同时,可以简单讲述理由：或是从某个个人信息得到启发，或是从某处外貌特征找到答案，抑或是某句行为描写让人一猜即中。当然，老师的评价方法同样如此。这样一来，只要这篇文章所描述的人物特点越清晰、越生动，大家也就越容易猜出来，那么得"优"的概率就越高。这新奇的评价方式，进一步激发了学生的兴趣。一经宣布，同学们就忙不迭地去拜读他人的文章，全神贯注地搜索着字里行间的有关信息。读了上文提到的第二篇文章，有同学评价道："浑身上下没一处不是圆的，饭量惊人的只有小刘。每次中午吃饭，他不都必定添饭菜吗？我猜得肯定准！"对第三篇文章，又有人写："观察太仔细了！生气时，有这么生动的表情神态的，非小顾莫属了。每回上课，我们都能感受到他的学习热情。"在评价他人的同时，又在不断地积累语言，真是一举两得。

很快，绝大部分学生的作品谜底都揭晓了，只有两个学生因为没把人物描述清楚，导致没有一个"读者"猜出答案。让我惊讶的是，他们居然很乐意地"刷刷刷"重写起来，没有一点儿勉强与不耐烦。

这次写作小练笔，我变化了要求，用"猜猜这是谁"的形式激发了学生的写作欲望，贴近学生的有趣评价又让他们很好地进行交流，也享受到成功的乐趣，这样的学习更有实效。

室内操的转变

高　敏

我们班的孩子思维敏捷,聪明好学,但这段时间对于做室内操总是不够认真。每逢室内操,不少男生会借着做操的机会,你抓我一把,我撞你一下,玩得不亦乐乎;女生虽不吵闹,但动作都不到位。尽管我尝试了许多方法,但情况仍不见有大的好转。

如何改进平时的室内操质量呢? 如果能把学生学习的内驱力调动起来,让他们自觉地拿出精气神,规范做好室内操,那该多好啊! 学生是教学活动的内因,只有调动他们学习的积极性和主动性,才能把教学活动变成学生获取知识和不断探求真理的自觉意志和行为。

反复思考后,在一节班会课上,我组织大家进行讨论:学校的作息时间里为什么有室内操呢? 问题一抛出,大家七嘴八舌地说开了。体育委员小张首先发言:"可以让我们的大脑得到充分的休息,消除学习带来的疲劳。""做室内操是为了让我们四肢活动一下,锻炼身体嘛!"皮大王小陶没举手就冲口而出。一时间,众人七嘴八舌起来……最后,小博士思齐推推眼镜,慢条斯理地做了总结性发言:"做操,当然是有益于我们的身心。有个名人说:每天锻炼一小时,幸福健康一辈子。"他的话赢得全班的一片掌声。

我播放了我们班上个学期室内操的视频(上学期我们获得了室内操比赛一等奖),趁着学生因回顾过去的荣誉而情绪高涨之际,让他们随着音乐再做一遍室内操。这次,孩子们做得可认真啦,个个精神饱满,动作到位。做完之后,请他们互相交流这遍室内操的感受。小吴快人快语:"我觉得浑身舒服。"胖子小潘转了转肩:"我肩膀好像松了点。""屁股也舒服了。"小何的话一出,女孩子们忍不住捂嘴偷笑。

这时,我把镜头切换到本学期他们做室内操的画面。"小王,你怎么在教室后面做操,老是偷袭别人呢?"短跑健将小李指着小王。中队长小麟指着屏幕,愤怒地说:"小鲁,你看看你做操时干嘛老是惹别人,你还自称体育健将?"小鲁脸涨得通红,看了几眼屏幕后连忙还击:"你们女生也没好好做! 全班都懒懒散散的。"顿时,全班鸦雀无声。

我趁此向学生讲述做室内操的作用,让他们懂得我们每天进行室内操,不仅是为了比赛得奖,更是为了锻炼自己的身体。同时,我用自己慷慨激昂的情感去感染学生,带动学生的情绪,让他们明白课间做操不是为了好玩,每天坚持认真做操也是对自己意志力的考验。

学生们频频点头,我顺势又把问题抛给学生:"我们该怎样做室内操呢?"学生分成体育课的四大组进行了讨论,每组派代表上台发言,大队委员在每组发言后做了总结,要求大家做操时有力、到位。然后,中队长和体育委员邀请做操动作标准的同学示范纠正室内操动作。

在之后的室内操中,全班每天由大家推荐出做操最认真的同学检查室内操质量,每次室内操结束,及时进行反馈,肯定学生做得好和进步的地方,同时提出不足及下次的期望。

就这样,我们就如何认真做室内操进行了师生、生生之间的全方位、多角度的交流互动,使每个人都有机会发表自己的观点与看法,也乐于倾听他人的意见,真正感受到做操是一件有意义且愉快的事情,最终有效地提高了室内操的质量。每天下午的室内操成了班级一道亮丽的风景线。室内操时间一到,同学们站队整齐,精神饱满,动作有力到位。

通过这次针对室内操的讨论,我意识到,进行班级经营活动时,必须先给学生明确的目标,激发学生的自我要求,鼓励学生为自己明确前进的方向,他们才能有动力驱使自己克服面对的困难,在各方面做得更好。

不求做名师
用心做明师
有明师磨课研法
勇当教学改革弄潮儿

萌　芽

朱　敏

一天早上,我正上语文课,突然间,一位家长敲门进来给孩子送课本。孩子边接过书边生气地埋怨:"怎么刚送过来?"看着一脸不满的孩子和家长无奈尴尬的神情,我把孩子叫到跟前,说:"孩子,你没有准备好学习用品。妈妈给你送来,你却这样对待她,应该吗?"看着孩子低下的头,我不由得想起平时班级中发生的点点滴滴:早上,到了校门口才从家长手中接过书包;放学,一出校门书包就迫不及待地交到长辈的肩上……他们似乎觉得这一切都是理所当然。

到办公室,我打开孩子们的作业本,想起一些父母和我交流的话语:孩子一做作业,我们家长就要坐在身边陪着写作业,否则他就不抓紧时间;每天的书包都要家长整理……

家长为孩子付出了那么多,可孩子们的感恩在哪里?对父母的关心又在哪儿呢?上午语文课上的事全班都看到了,何不趁热打铁,利用下午班会课时间来一次"感恩"主题讨论呢?

下午第二节班会课,一进教室,我就在黑板上,用红笔写下两个大字——"感恩"。孩子们一脸茫然。于是,我就把早上的事情经过讲了一遍,然后问道:"你们认为这样做应该吗?"班级里顿时热闹起来,有的说:"家长要上班的,让家长送学习用品会影响上班时间。"有的说:"家长送过来,应该感谢,不应该埋怨呀!"看着孩子们议论纷纷,我的心终于放下来了,是的,孩子们并非不懂道理,只要适时引导,及时教育,就会有意想不到的效果。

看着孩子们热烈地交流,我进一步追问:"现在我们都知道这样做不应该,那么怎么做才对呢?"

四个小队在小队长的带领下马上展开讨论,看着孩子们激烈地争论,我很欣慰。落实行动,感恩父母,这才是作为教育工作者应该及时引导的呀!

经过这节课的反复交流,孩子们在小队长的带领下,纷纷发表自己的看法:自己的书包自己整理,自己的书包自己背,自己的房间自己打扫;为父母做一件事,给父母写一封感谢信……

在中队长的倡议下,孩子们利用后半节课时间,写起感恩信来。信中的点点滴滴无不让我心潮起伏:"爸爸,每天到家最晚的就是您,因为您说您是家里的顶梁柱,要挣钱养家";"妈妈,谢谢您无私的陪伴,您是我学习上形影不离的朋友";"爸爸、妈妈,在我遇到困难和迷惘时,你们给予了我人生的指引"……有了主题班会的发动,学生们写得都格外认真,我选取了几名学生的感恩信,让他们在班中读给其他同学听,学生们的心灵受到了巨大的震动,父母的辛劳仿佛历历在目。我知道他们的心中有感激,也有愧疚,便趁势又布置了一个任务,让学生利用晚上时间,把信读给父母听,然后在信的最后写上自己的感想。读感恩信,让学生和父母敞开了心扉,交流了思想,心灵也得到了升华。

通过这一系列的活动,"感恩"在孩子们的心中开始萌芽,不少学生家长向我反映,他们的孩子懂事多了,回家不再事事依赖家长,知道帮长辈做些力所能及的事情了,也不再那么任性了;还有的家长说孩子上小学快四年了,没跟父母谈过心,现在竟然会跟父母交流自己的思想了……

看到孩子们的这些变化,我由衷感到高兴。我认为,学生来到学校是先来学做人的,其次是学习知识。毕竟人生的杠杆是精神,精神的支点是感恩,教师作为感恩教育的引导者之一,应该真诚地对待每一个学生,理解他们,关心他们。情感教育高于一切,我相信只要我们坚持不懈对学生进行感恩教育,我们的教育就会变得简单很多。

　　一点萌芽,我期待花开的那天。

不求做名师
用心做明师
有明师磨课研法
勇当教学改革弄潮儿